クラスを支える愛のある言葉かけ

今，子どもたちに
伝えたい言葉がある。

山田洋一 著

明治図書

JN043669

　この本には，次のようなことは書いていません。

　1つ目に，教師の意のままに，子どもを動かす言葉かけです。

　そもそも，教育とは教師の意のままに子どもを操ることで成立する営みではありません。

　教育の真骨頂は，子どもが自らより良い方向に進むために環境を整えて，待つことです。

　ですから，子どもを意のままにコントロールするような言葉かけは，注意深く排除したつもりです。

　2つ目に，どんな子にも通用し，誰にでもできる言葉かけです。

　ここに書いてある言葉かけは，54歳のおじさん教師が，子どもたちとの生活の中で見つけたものにすぎません。

　ですから，どんな年代や性別，人生の送り方をした教師にも「そのまま使える」とは言えません。

　では，筆者と同じような教師にだけ有効かと言えば，そうではないでしょう。そうならないように書いたつもりです。

　筆者は自分の言葉かけがなぜ有効であったのかを分析し，成功した要素を取り出し，解説したつもりです。

　また，多くの教師がご自分の状況に応じて，その要素を参考に，言葉かけをカスタマイズできるように，示したつもりでもあります。

　翻ってみれば，あらゆる教育書は，本来自分なりにカスタマイズして活用すべきものです。

　それは，「誰でもできる〜」「どの子にも効く〜」という書名がついた本であっても，そうなのです。

　そして，最後に，この本には思い付き程度でうまく通用した言葉かけは，書いていません。

どれも，子どもたちや保護者との関わりの中で，筆者が失敗を繰り返して，ようやく見つけた言葉かけばかりです。

　苦しんだ末に，子どもや保護者との関係を，改善するきっかけをつくることができた希望の言葉かけばかりを記しました。

　私にとっての希望の言葉かけが，あなたにとっても希望となりますことを，心より願っております。

筆者記す

目　次

第3章　子どもの学習を支える愛のある言葉かけ

第4章 **保護者とともに子どもを支える言葉かけ**

第 **1** 章

愛のある
言葉かけとは

繰り返される「不適切で，効果的ではない」言葉かけ

「子どもとうまくいっていない」
「授業がうまく進められない」
「保護者とうまくいっていない」

　こうした悩みは，いつの時代でも教師の悩みとして語られるところです。

　そして，こうした悩みのほぼすべてが，教師の言葉かけを原因として生まれているものです。

　教師が黙ってそこに立っているだけで，子どもや保護者との関係が壊れるということは，さすがにありません。教師の不用意な言葉かけ，心無いひと言が，相手を怒らせたり，傷つけたりして関係が悪化するのです。

　しかも，教師自身はそれに気づいていない場合も多い。

　あるいは，その一言を言えば，関係が悪くなりそうだとは，予測はつくけれど，子どもや保護者に対して言わなければならないと思われる「『正しい』ひと言」だから，言っているという場合もあります。

　たしかに，それは教育上言わなくてはならない「ひと言」かもしれません。しかし，いくら「正しい」と感じられても，相手との関係を壊してしまうような「ひと言」が，効果を上げることは決してありません。それどころか，子どもは教師に言われたことに傷つき，保護者は納得がいかず，不信感を抱くことでしょう。残念ですが，このような誰も得をしない言葉かけが，教育現場では，今日も繰り返されています。

　なぜ，教師は不適切で，効果的ではない言葉かけを繰り返ししてしまうのでしょうか。

　川上康則（2022）は，「教室で繰り広げられる不適切なかかわり，本来は避けなければならない指導の全てを『教室マルトリートメント』」と呼び，

その原因として,「①　職員室内で圧の強い教師が影響力を持つこと」「②　教師自身の自己防衛的態度」をあげています。また,教師のストレスという面から,教師に対する「過度な要求度と自己裁量度の少なさがストレスフルな職場環境を生み出し,教師の内側にある不安を助長していきます」と,働く環境が,教師を追い込んでいることを指摘しています。

　まさに,「学校はこうあるべき,子どもはこうあるべき,そのために教師はこのように指導すべき」という教師の固定化された意識が,不適切なかかわりを助長していると言えます。

　例えば,子どもの不適切な行動が目に入ったとします。

　「管理職,同僚,他の子どもに侮られるような指導は避けなければならない」という思いが,頭をよぎります。そこで,「イッパツで言うことを聞かせられる指導」を,頭の中で探します。ひどく怖い顔をして,大きな声で「何をしているの！　そんなことはやめなさい！」と,言ってみます。

　ところが,効果は薄い。それどころか反抗的な態度さえ,その子は見せています。そこで,「このままではいけない。教師の権威が保てない。何か指摘されたときには,『自分は,やらなくてはならないことはやっていました』と,せめて言えるようにしておかなければならない」と,思います。

　とうとう大きな声で,次のように言ってしまいます。「その態度は何ですか！　そういう態度をとるんだったら,このクラスにはいられません。このクラスに,あなたみたいな人はいりません！」

　このように,「教室マルトリートメント」,「不適切で,効果的ではない言葉かけ」が生まれ,繰り返されているのです。

　もう,こんなことはやめましょう。今すぐ,断ち切りましょう。

　かわりに相手が受け取りやすく,実際に効果も上がる言葉かけをしましょう。そうすれば,子どもはより良く変わり,保護者もより良い状況を手に入れて,みんなが幸せになれるはずです。

参考
文献

・川上康則（2022）『教室マルトリートメント』東洋館出版社

② 関係を壊す教師の言葉かけ

教師は，どのように関係を壊す言葉かけをしているのでしょうか。

例①

> 　教師の説明を聞いている途中で，わからない言葉があったため，隣の子に「『○○』って，どういう意味？」と尋ねた子ども。
> 　その子に対して，「『説明が終わるまで，黙って聞きなさい』と言っているでしょう！」と教師が叱責しました。

　この場面で，叱責された子どもは，そもそも言葉の意味がわからないので，このままではこれ以上学べません。ですから，隣の子に尋ねたのです。それは，もちろん「わかりたい気持ち」があるからこその行動でした。

　それを，教師は次のように考えたのでしょう。

「私の話の途中で話すとは何事だ」

「はじめに，『説明が終わるまで，黙って聞きなさい』と言ったはずだ」

「言ったとおりにしないのは，私を軽んじているのではないか！」

「これは，注意をしなくてはいけない！」

　これで，子どもはわからないことがあるときに，誰かに尋ねて学ぶということを，教師によって封じられてしまいました。学ぶ意欲があるから，尋ねたのに……。

　この子は，こう思うかもしれません。

　「はいはい，わかりました。わからない言葉があっても，黙って聞いていればいいのね。それで，先生は，文句がないんでしょう？　全然，私をわかってくれていないのね」と。

（例①）で注意を受けた子どもは，隣の子に話しかけるということを
たびたび繰り返しています。そこで，教師は保護者との懇談の際に，次
のように伝えました。

「お子さんなのですが，授業中に隣の子に話しかけることがとても多
くて。ちょっと落ち着きがなくて，私の話を聞いていないことも多いん
ですよ。それで，授業の内容もわかっていないこともあって，御家庭で
も，このことについてお話しいただけると嬉しいのですが……」

保護者は，この教師の話を聞き，次のようなことを思うかもしれません。

「恥ずかしい！　こんなこと言われるなんて……」

「先生が注意したとしても，それを聞けないってこと？」

「うちでも落ち着きが無いとは思うけれど，それほど困っているって程では
ないし……むしろ先生は，わかりやすく話してくれているのかしら？」

「私だって言わなくてはならないことは，言っている。学校でのことだから，
先生が子どもにうまく話してくれればいいのだけれど……」

こうした思いが，保護者の胸には渦巻くでしょう。

一方，教師は，子どもの状況を保護者に伝え，一緒に子どもがよい方向に
向かっていけるよう協力してほしいという意図を持っています。

では，実際に保護者に話をして，状況が変わるかと言えばそうはなりませ
ん。保護者は，「友だちの勉強の邪魔をしているの！？」と，まず自分の子
どもを問い詰めるでしょう。それに対して，子どもは「だって，○○先生の
話，難しいことが多くて，それで隣の人に聞いているんだよ」と答えたりし
ます。保護者は，教師の話し方が，うちの子に合っていないと思い，うちの
子だけが，悪いわけでもなさそうだと感じるでしょう。結果として状況は改
善されないということになります。

それだけではなく，先生にも改善すべき点があるのに，わが子にだけ改善
を要求する担任に不信感さえ抱くでしょう。

③ なぜ，関係が壊れる言葉かけをしてしまうのか

　子どもと，その保護者への言葉かけの例を2つ読んでいただきました。きっと，「ありそうだな」と思っていただけたのではないでしょうか。

　そして，この事例の教師の行動をよいとは思わないが，自分もこうしたことをしているかもしれないなと，思う方も少なくないでしょう。

　でも，ちょっと考えてみれば，子どもや保護者との関係を壊してしまうとわかるような言葉かけを，教師はなぜしてしまうのでしょうか。

　それは，ずばり教師が持っている「あるべき姿」を求めすぎる姿勢に起因しています。

「子どもは，教師の話を黙って聞くべき」

「保護者なら，子どもが学校で不適切な行動をとっているのだから，それを是正するために協力すべき」

　それに，教師は，「教師なのだから子どもの姿を改善するために，叱るのは当然だし，保護者に協力の要請をして当然だ」と考えています。

　つまり，これらのことは正しいことだと教師の頭の中で位置づいているのです。

　しかし，こうした「当然そうあるべき姿」を求めすぎるあまり，教師は自分の言動の正しさに自信を強く持ちすぎます。

　それは，一方で，相手の心情や立場，状況を慮ることを怠ることにつながります。

　「あなたがどう思っているかは知りませんが，私は正しく，あなたは間違っているのです」と。

　これは，ある種「正義という名の暴力」で，これこそが教師が関係性を崩す言葉かけをしてしまう元凶なのです。

先述した隣の子に質問した子どもに，「理由はどうあれ，教師が話しているときに，隣の人に話しかけるのは間違っているのですよ。だから，あなたは私から目を離すべきではない」と，教師は思っています。これは，教師の「信念」にさえなってしまっています。

　教師は，子どもの「勉強がわかりたい」「先生の言うことをわかりたい」という真意を理解していません。いえ，理解しようともしていないという方が正確でしょう。これでは，このあと教師と子どもの関係が，壊れてしまうことは必定です。

　ところで，筆者は，教師の意のままに，都合よく子どもが行動してくれるような言葉かけを，本書で提案しようというのではありません。

　（例①）で言えば，子どもが「黙って聞く」ようになる「魔法の言葉」を提案しようというのではないのです。

　筆者が提案したいのは，子どもが教師を信頼する愛のある言葉かけです。子どもが，教師を信頼するときとは，どのようなときでしょうか。それは，まず「私のことをわかってくれている」と，思えたときでしょう。子どもでなくても，自分のことを理解してくれない人の言うことを聞こうとは，普通は思わないものです。

　（例①）で，もしも，教師が「何か困っていそうだね」と，子どもに言葉をかけていたらどうでしょう。

　子どもは，内心「そうなんですよ」と思い，「先生，○○ってどういう意味ですか？」と尋ねたとします。教師は，それに「ああ，ごめんなさい。わかりにくい言葉を使ってしまったね。それは……」と言葉の説明をしたとします。

　その子は，誠実に対応してくれた教師に信頼を寄せ，もっと先生の言っていることを理解しようとするでしょう。

　また，周囲の子は「わからないことがあるときは，いつでも尋ねていいのだな」と安心をすることでしょう。

　筆者の提案したい愛のある言葉かけとは，こうした意欲がわき，安心をもたらす言葉かけのことなのです。

④ 愛のある言葉かけの条件とは

　「愛のある言葉かけ」とは，どのようなものでしょうか。もう少し，詳しく述べてみます。その条件は，３つあります。

　１つ目は，子どもの成長を促すことに関して，その**変わり方を重視する言葉かけ**だということです。

　音楽室の前を通りかかるとします。低学年のある学級が，歌唱の学習をしています。しかし，子どもたちは落ち着きません。おしゃべりが，収まらない様子です。何度か通常のトーンで注意をした教師ですが，とうとう最後に「いい加減にしなさい。先生が話しているでしょう！」と，大きな声で叱りました。教室は，しいんとします。そして，教師は歌についての注意点を話し始めました。

　次の日も，音楽室の前を通りかかりました。昨日とは違う教師が音楽の授業をしています。昨日の子どもたちと同じように，子どもたちは落ち着きません。教師はすぐに「真似をしてね」と指示をして，リズムを手で打ち出していきます。子どもたちは，真似を始めます。リズムのパターンは複雑になっていきます。また，強弱も織り混ぜていきます。段々と弱いリズムにしていき静かになったところで，教師は「今日歌う歌は，こんなふうに静かな歌なのよ」と伝え，自然な流れで，前奏を奏でました。子どもは，それをよく理解して，そっと歌い始めました。

　愛のある言葉かけは，強制されたり，恐怖から逃れるために変わろうとしたりするのではなく，子どもたちが自ら変わろうとする気持ちを持てるように，促すものです。単に変われば良いのではなく，変わり方が大切なのです。

　２つ目は，**子どもや保護者を簡単に「位置づけ」ないということです。**「位置づける」というのは，ナラティブ・セラピーの世界の用語です。

私たちは，「乱暴な子」「不安傾向が強い子」「うそをよくつく子」「要求ばかりする保護者」「子どもに甘い保護者」などの言葉を，胸の内でつぶやき，その人たちを自分の「位置づけ」の中で，とらえる傾向があります。

　例えば，「乱暴な子」が誰かを叩いたと聞けば，「理由もなく叩いたに違いない。だって，あの子は『乱暴な子』だから」と，つい納得してしまっているのではないでしょうか。ある「位置づけ」をすることによって，「その子は，そういう子」「そうしても仕方のない子」というとらえから，自由になった精神で放つのが，「愛のある言葉かけ」です。

　３つ目は，愛のある言葉は**「快」の感情を喚起するもの**だということです。「人は突き詰めれば快感を追究して動くのであり，理屈で動くのではない。それは私たちにとって一種の宿命なのだ。」と，岡野憲一郎（2017）は，言っています。人は，「快」が感じられれば自ら変わろうともします。

　もちろん，「学校では，子どもがイヤだと思うことも教えて，させなくてはならない」という指摘に，筆者はある程度納得できるところもあります。

　しかし，実際には「子どもがイヤだと思うことを，イヤイヤさせて，結局子どもの姿を変容させられないまま」というのが，真実ではないでしょうか。そうでないとしたら，不適切な行動を繰り返す子どもも，荒れた学校ももっと少なくなっていてよいのではないでしょうか。

　ところで，「愛のある言葉」をかけられたときに子どもに起きる「快」の感情とは，どのようなものでしょうか。それは，おそらくは次のようなものです。

「私の本当の気持ちを，わかってくれる先生がいた！」

「そうそう！　本当はそう言いたかった」

「そんなに信頼されたら，がんばっちゃいそうだな，わたし」

　こんな感情が，子どもや保護者の自らを変える原動力となるのです。

・国重浩一（2013）『ナラティヴ・セラピーの会話術』金子書房
・岡野憲一郎（2017）『快の錬金術　報酬系から見た心』岩崎学術出版社

⑤ 愛のある言葉かけを，どのように生み出すのか

　どうすれば愛のある言葉かけができるか，段階をおって説明してみます。

フェーズ1

思い込みを封じる。

　子どもの姿，行動を目にするとその瞬間に，頭にはその子の「位置づけ」から生まれてくる「像」が，自動的に浮かび上がってきます。（U理論というビジネスモデルでは，「ダウンローディング」と呼ばれる段階）

　「この子は，普段からやる気がないから，今回も活動から逃げようとしている」「この子はよくうそをつくから，今回も，きっとうそに違いない」

　このような「思い込み」を，まずは封じることが，「愛のある言葉かけ」をするための第一歩です。

フェーズ2

評価を保留する。

　自然と頭の中に現れる「思い込み」を封じたとしても，ついつい目の前にいる子どもの姿を見ていると，教師は「よい・悪い」「望ましい・望ましくない」「子どもとしてふさわしい・ふさわしくない」「許容できる・できない」などの評価をしてしまうものです。

　次の段階では，この評価を保留することにします。教育活動において，評価は大切なことです。しかし，最も大切なことは，子どもが自ら変わろうと思える愛のある言葉を見つけ，その言葉をかけてあげることです。

　そのために，今まで通りの「教師らしい」評価をすることは，その「言葉かけ」を，最も阻むことになります。

相手になってみる。

　英語で言うところのエンパシーを，発揮するということです。

　フレイディみかこ（2021）は，エンパシーには４つの種類があると説明しています。すなわち，「①コグニティヴ・エンパシー」「②エモーショナル・エンパシー」「③ソマティック・エンパシー」「④コンパショネイト・エンパシー」の４つです。

　ここで筆者が言う「相手になってみる」は，このうちの①と②を合わせたものと考えています。つまり，「①他者の考えや感情を想像する力」「②他者と同じ感情を感じる力」の２つを掛け合わせて発揮するものです。

　子どもや保護者の文脈に教師自身の身を置き，自分がその立場なら，「こう考えるだろう」「こう感じるだろう」と想像してみることです。

言葉を選び，伝える。

　相手になってみた上で，「自分だったら，かけられて一番うれしい言葉は何だろう？」といくつかの言葉を，頭に思い浮かべます。これが，第１段階です。

　その上で，忘れてはいけないのは，この子やこの保護者にだったら，どう表現された言葉が一番響くだろうと考え，カスタマイズして伝えることです。これが，第２段階です。

　「言葉を選ぶ」とは，この２段階の思考をすることです。

参考文献

・C・オットー・シャーマー，中土井僚　訳，由佐美加子　訳（2017）『U理論［第二版］——過去や偏見にとらわれず，本当に必要な「変化」を生み出す技術』英治出版
・ブレイディ みかこ（2021）『他者の靴を履く アナーキック・エンパシーのすすめ』文藝春秋

⑥ 愛のある言葉かけは，相手にどう響くのか

　一方，教師の言葉かけは，その対象である子どもや保護者にどのように響くのでしょうか。

フェーズ1

安全を感じる。

　教師にとっての「思い込みを封じる」段階は，相手にとってはどのような段階と言えるでしょうか。

　「思い込みを封じる」のは，教師の頭の中でだけ行われることだから，相手には何も感じさせないと考える方もいるかもしれません。

　しかし，それは違います。例えば，あなたが子どもの姿に「怒り」を感じながら，見ているとき，その表情や身体から何かしらの情報が発信されているのではないでしょうか。

　「眼が怖い」「唇が横に引き結ばれている」「肩が上がっている」「足音が大きくなる」。こうした情報を教師から受け取ったとき，相手は委縮し，自分らしく振舞えなくなるのではないでしょうか。

　逆に，こうした情報が教師から発せられていないとき，相手は怯えずに済み，つまりは安全を感じ，自分らしく振舞えるようになると考えられます。

フェーズ2

安心を感じる。

　教師にとっての「評価を保留する」段階は，相手にとってはどのような段階と言えるでしょうか。

　教師の多くは，日常の多くの場面で「評価者」として対象の前に立ってい

ます。

　もちろん，そのことは「子どもに自分自身の姿についての『よし，あし』をフィードバックし，子どもの変化を期待する」という意味で重要なことです。学校で行われるのが教育活動である限り，教師からのフィードバックは必須です。

　しかし，そうした「評価」や「フィードバック」が，子どもの成長をむしろ阻む場面もあることも，教師は知っておくべきでしょう。

　例えば，あなた自身に置き換えて，こんな場面を想像してみましょう。

　あなたは，指導がむずかしい学級の担任です。保護者もむずかしい方が多く，日中は子どもの対応でへとへとになり，放課後は保護者対応に追われています。

　そんな時に，校長から呼ばれ「あなたの学級経営のやり方は，適切とは言えない。明日から，もっとこうしてほしい」と言われたら……。

　「この校長の言うことなど，絶対に聞かない」「相談なんかするものか！」「じゃあ，お前がやってみろ！」「校長室を出たら，すぐに辞表を書いてやるぞ！」，こんな口に出してはいけないような思いが，頭をめぐるのではないでしょうか。

　こうして考えてみると，ときに「評価」が相手に対して，非常に残酷なものとなることを理解でき，「さすがに，ひどい」とあなたは気づくに違いありません。

　しかし，もう一歩踏み込んで考えてみてください。教室で，子どもたちに向かうあなたはいかがでしょう。

　残酷な「評価者」として，子どもたちの前に立ってはいないでしょうか。

　筆者は，何も今すぐにすべての評価を中止しましょうと言っているのではありません。評価者として，子どもや保護者の前に立つ機会を減らしていきましょう。そうすると，子どもや保護者は，あなたに安心して多くの情報を提供してくれますよ。あなたが，子どもや保護者にとっての心のよりどころになりますよということを，言っているのです。

フェーズ3

コミットメントの姿勢を感じる。

　教師にとっての「相手になってみる」段階は，相手にとってはどのような段階と言えるでしょう。

　「相手になってみよう」と思うとき，「なる」前に必要なことは「知る」ことです。あなたは，相手に「なる」ために，できるだけ相手の情報を引き出そうとするでしょう。

　そうすると，あなたの言葉と姿勢が変わります。

　「今の言葉は，どういう意味だ！？　そういう言い方は人を傷つけるからダメだと言っただろ！」というような言い方から，「今の言葉は，『悔しくてたまらないから』言っちゃった感じ？」と，相手のことを少しでも知ろうとするものへと変化します。

　この時，相手は「自分の言動を，先生は親身になって理解しようと（＝コミットメント）してくれているのだなあ」と感じるはずです。

フェーズ4

意欲が引き出される。

　教師にとっての「言葉を選び，伝える」段階は，相手にとってはどのような段階と言えるでしょう。

　相手になってみた上で，あなたが選んだ「一番うれしいと感じられるだろう言葉」をかけられた相手は，次のような感情を抱くことでしょう。

　それは，先にも述べたような「私の本当の気持ちを，わかってくれる先生がいた！」「そうそう！　本当はそう言いたかった」「そんなに信頼されたら，がんばっちゃいそうだな，わたし」というような感情です。

　こうした感情は，もちろん子どもや保護者にとって「快」の感情です。「快」の感情は，更に増幅され，まずは「先生に認められたい」，次いで「もっと自分を高めたい」という意欲を引き出していきます。

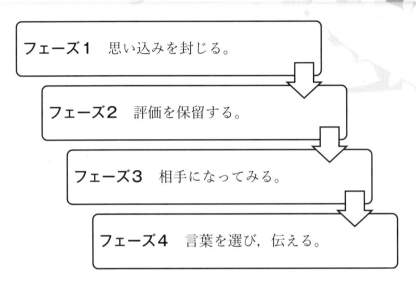

図1　教師が愛のある言葉かけを生み出す段階

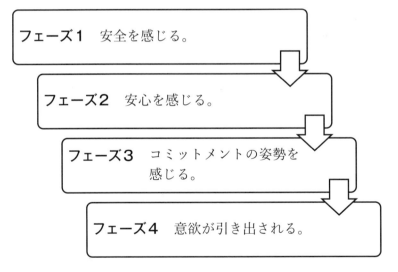

図2　子どもや保護者への愛のある言葉かけの響き方

胸の内を，そのまま話す

　暴言を繰り返してしまう子どもがいるクラス。

　その子への不満を抱えていた周囲の子どもたち。

　新しい担任教師は，４月から個別の児童面談を繰り返し，ひたすら子どもの話に耳を傾けていました。

　その甲斐があって，子どもたちの前年度までの不満は，解消されつつありました。

　休み時間になると，担任教師の周囲には子どもたちが集まるようになってきました。

　あるとき，暴言を繰り返す子どもが，久しぶりに学級の子どもたちに暴言を投げつけ，教室を飛び出していきました。教頭がその子を見つけてくれ，保健室でクールダウンしています。

　担任は，「捜索」から教室に戻りました。

　子どもたちをケアしなくてはならない。そう思ったのですが，どうにもいい言葉が思い当たらなかったそうです。

　そこで，胸の内を，そのまま話すことにしたと言います。

　「ごめんなさい。先生には，○○さんの乱暴な言葉を止める力がありません。みんなにイヤな思いをさせてしまって，ごめんなさい。でも，もしも，できたら○○さんのことを憎むのは，やめてください。みんなの怖い気持ち，イヤだなあって思う気持ちは，先生が全部聞きますから」

　こう話したと言います。

　でも，だれも○○さんのことに関することを話しには来ませんでした。その上，子どもたちはそれまで以上に担任教師に，親しみを持って話しかけに来てくれるようになったと言います。

第 2 章

子どもの生活を支える
愛のある言葉かけ

① 子どもが他の子を非難している

子どもの味方になる言葉かけ

場 面

「先生，聞いてほしい話があるんです」と，子どもが言うので，別室で話を聞き始めました。

すると，あるクラスメイトへの激しい非難が，口を伝ってあふれるように出てきます。その中には，一方的な思い込みや独りよがりなとらえ方のものも多くありました。そんな時に，あなたはどんな言葉をかけますか？

1 状況解説・子どものとらえ

「もう我慢の限界」だと考えよう

友だちとのことを，大人に相談する。教師が考えている以上に，子どもにとっては，勇気のいることなのです。

「こんなことを親に相談できないし……」「先生に相談するのは，格好悪いんだけど……でも……」と，子どもは思っています。ですから，かなり思い切ってこの相談を教師にしているということを，まずはよく理解しておきましょう。

そして，それでもなお大人である教師に相談してきているということは，その事案が，子どもにとっては「もう我慢の限界」に達しているということが想像できます。そんなときに，「大したことないよ」「友だちのことを，そんなに悪く言わない方がいいよ」などの正論は効果がありません。

2 こんな時に伝えたい教師の言葉

> 先生が，あなたでも同じ気持ちになると思うよ。

① 「先生は，味方」と思ってもらおう

　ギリギリの精神状態の子どもが，「自分で問題を解決しなくちゃ」と思ってくれたら一番よいのですが，そうなるには何が必要でしょう。

　おそらく，それは第一に元気になること。では，その元気は，どうしたらわいてくるのか。「ここに自分の味方がいてくれる」と感じられる言葉が，聞けたときなのではないでしょうか。

② 自分で解決することを支援しよう

　子どもが「先生は味方になってくれる」と感じてくれたようだったら，次のように尋ねてみましょう。

「先生にお手伝いできることは，なにがあるかな？」

　「自分で解決する」とは，「支援を要求しながら解決する」「人の手を借りながら解決する」も含まれています。

　支援を要求するかしないか，どんな支援を要求するかを子どもに尋ねながら，最終的には，子どもが自分でトラブルを乗り越えるという結末が迎えられるようにしましょう。

まとめ

① 「味方がいる」と思える言葉が，子どもを元気にする。

② 支援要求を促すことで，問題解決能力を高める。

子どもが暴力をふるってしまった

暴力をふるった理由に寄り添う言葉かけ

場　面

　子どもが，他の子に暴力をふるってしまいました。

　子ども同士は引き離したのですが，まだ興奮しています。

　救援をお願いして，主に暴力をふるってしまった方の子とあなたは2人きりになっています。すぐには暴力をふるうに至った経緯を聞けそうもありません。そんな時に，あなたはどんな言葉をかけますか？

1　状況解説・子どものとらえ

子どもの苦しさを理解しよう

　もちろん，暴力をふるうことはどんなときでも許されることではありません。しかし，子どもが暴力をふるってしまうほどに，興奮状態になったということには，それなりの理由があります。

　言葉ではうまく自分の気持ちを伝えられなかったり，その子なりに我慢を重ねた末に，暴力をふるってしまったりということが多いようです。

　そんなときに，「暴力は絶対に許されません」「まず，相手に謝りなさい」などと言っても効果は薄いのです。

　かけるべき言葉は，まず暴力をふるってしまうほどに，その子にとっては苦しい状況であったということに，理解を示す言葉です。

2 こんな時に伝えたい教師の言葉

よほど我慢できないことがあったんでしょう？

① 理由に理解を示そう

　自分のしたことを子どもが反省したり，暴力をふるってしまった相手に，謝罪してくれたりしたら理想的です。しかし，それには，まず冷静になって自分自身の言動を振り返ることが，子どもには必要です。

　そのためには，暴力をふるってしまうほどに荒れてしまった理由を，教師が理解しようとしていることが，伝わる言葉かけをしたいものです。

　「あなたが暴力をふるうくらいだから，よほどのことがあったんだよね」というニュアンスで言葉をかけます。

② 我慢できたことを評価しよう

　我慢できなかったから，暴力をふるってしまったのだと大人は考えがちです。しかし，実際のところ子どもは暴力をふるうその瞬間まで，とてもよく我慢していることが少なくありません。

　ですから，子どもが経緯を話したら，まずは「○○○○と言われるまで，よく我慢していたね。そこまで，よくがんばったね」と称賛してあげましょう。

ま と め

① 暴力をふるってしまった理由に理解を示す。

② 暴力をふるってしまった子は，実はよく我慢した子。

③ 子どもが教師を非難する

どんなことでも聞くとメッセージを出す言葉かけ

場面

「先生，ちょっと納得いかないんですけど」と，子どもから声をかけられました。あなたの指導について，納得がいかないというのです。自分が悪いところもあるけれど，他の人も同様にやっているという主張です。

そんな時に，あなたはどんな言葉をかけますか？

1 状況解説・子どものとらえ

教師に期待しているととらえよう

もしも，あなたが怖すぎる教師だとしたら，きっと子どもは親しい友だちに，ただ陰口を言って終わっていたでしょう。

こうしてあなたに声をかけてきたというのは，もちろん，よほど納得がいかなかったということもあるでしょう。しかし，基本的に子どもはあなたにわかってもらいたいと思っているということ。そして，話せばわかってくれる教師だと，あなたが期待されているということでしょう。

それなのに，「むしろ，間違っているのはあなたの方だ」や「自分の悪い部分を棚に上げて，反論などすべきことでない」というようなメッセージを送ることは，うまい手ではありません。まずは，面と向かって考えを伝えに来てくれたことに感謝しましょう。

2 こんな時に伝えたい教師の言葉

先生にいけないところがあったんだね。しっかり聞かせてもらうからね。

① 自分が悪いというスタンスで言葉をかけよう

　もちろん，教師が子どもを叱って指導することには，大切な意味があります。しかし，それがいつも正しくできているわけではありません。

　また，いつでも正しく機能するわけでもありません。

　当然，真意が子どもにうまく伝わらない場合もあります。そして，伝わっていないという段階で，それは教師の過誤なのです。

　まずは，これを心の真ん中において言葉を掛けます。

② ひたすら聞こう

　「自分が悪い」ということを心の底から思っていないと，ついこんな言葉が出てしまいます。

「先生は，そういうつもりで言っていない」

「傷つけたんだとしたら，悪かった」

　こうした言葉は，謝罪しているようでいて，「自分は悪くない」と子どもには伝わってしまう言葉です。そうではなくて，ただひたすら「傷つけてしまって悪かった」ということだけを伝え，言い訳せずに傾聴します。

まとめ

① 真意が伝わらないのは，教師の過誤だと考える。

② 一切の言い訳を口にしない。

④ 子どもが家庭環境の変化で苦しんでいる

子どもの感情をそのまま受け入れる言葉かけ

場面

　ある子どもの家庭環境が大きく変化しました。

　そのことがわかってから，はじめて子どもが登校してきます。できるだけ早くその子と話がしたい。子どもを相談室へと呼び，2人きりになって向き合いました。そんな時に，あなたはどんな言葉をかけますか？

1 状況解説・子どものとらえ

様子が変わることの方が健全だととらえよう

　子どものご家族が亡くなる。また，ご家族と離別してしまう等で，家庭状況が大きく変化することがあります。

　こんなとき，子どもの様子が，大きく変化すればするほど，逆に普通の反応だととらえましょう。

　もちろん，それでよいわけではありませんが，さびしいことを「さびしい」と言えたり，悲しいことを「悲しい」と表現できたりすることの方が，子どもとしては健全な状態といえます。

　むしろ，子どもがそれまでと変わらない様子だとしたら，それは要注意です。子どもは自分のことよりも，その子以外の家族を強く気にかけていたり，「自分がしっかりしなくては」とプレッシャーを感じたりしている可能性があります。

2 こんな時に伝えたい教師の言葉

大きな声を出して泣いていいんだよ。

① 子どものありのままの感情を引き出そう

いま子どもに起きていることが，この上もなくショッキングな出来事で，大きく動揺していても仕方がない状況だということを伝えましょう。

「大きな声を出して泣いていいんだよ」「人生でこんなに悲しいことは，他にはないんだよ」「先生が，もしきみなら何も手につかないほど，ショックだと思う」という言葉で，今わき起こってくる感情は当然で，それらがすべて許容されることを伝えてあげましょう。

② 「一人で乗り越えなくていい」ことを伝えよう

この状況は苦しいものだから，「一人で乗り越えなくてもいい」とも，伝えてあげましょう。

そして，あなた自身に身内をなくした経験があるなら「3年間はショックだった。今でも時々思い出してはつらいんだよ。だから，乗り越えなくてもいいし，家族がいなくなるなんて悲しみは乗り越えられる悲しみではないんだよ。だから甘えていいんだよ」と伝えてあげましょう。

> ### まとめ
> ① どんな感情も許容してあげよう。
> ② 「甘えていいんだよ」と伝えよう。

⑤ じゃんけんで負けてパニックを起こしてしまった

正論を捨てて，子どもの心情を理解しようとする言葉かけ

場 面

　休み時間，子どもが鬼ごっこの鬼を決めようとしています。そのため，じゃんけんをしました。鬼が決まり，喚声が上がる一方で「ウザ！　もうやらない！」と言って，走っていく子がいます。

　あなたはどんな言葉をかけますか？

1 状況解説・子どものとらえ

「正論は通用しない」と肝に銘じよう

　こうした子を，つい「わがままな子だ」と思ってしまったり，「短気な子だ」と思ってしまったりします。そして，「じゃんけんで決めるということは，きみも納得したんだろう？」とか，「じゃんけんだから，公平だよね？　きみが勝つこともあるんだから」とか，言いたくなってしまいます。

　たしかに，こうした言葉は正論です。教師は正しいことを教えるのだから，この言葉かけのどこが悪いのだと思うかもしれません。

　しかし，この言葉かけが，効果をあげることはほとんどありません。なぜなら，すでに子ども自身が，自分の間違いには気づいている場合が多いからです。自分でも，正しくない考えだとわかっていながら，どうしようもなくわき起こってくる感情に，本人が一番戸惑っているのです。それを念押しされているわけですから，パニックは収まるどころかますますひどくなります。

2 こんな時に伝えたい教師の言葉

> 勝ちたかったよねえ。そりゃあ，そうだよ。

① 「勝ちたかった」という気持ちを受け止めよう

「『勝ちたかった』ということを言ってはいけない。だって，これは公平なじゃんけんだから。でも，勝ちたかった！　でも，でも，でも……」

「勝ちたかった」なんて思うことは，わがまま。

子どもはちゃんと承知しています。だからこそ葛藤し，パニックしてしまいます。

ですから，ここではまず「勝ちたい」という気持ちを持ってもいいんだということを伝えます。

② 同じことが起きたときのアドバイスをしよう

次に，「『わがままを言っちゃいけない』と思って，でも，どうしていいかわからなくて，その場を離れたんだよね」と声をかけます。

最後に「人を傷つけなかったね，よく我慢したね」と労ってあげましょう。

その上で「今度はね，『負けて悔しくて仕方がないから，次は鬼をやらせてくれない？』って，みんなに尋ねるといいよ」のように，「今度どうするか」をアドバイスしてあげましょう。

まとめ

① 勝ちたかった気持ちを受け止める。

② 「今度はどうするか」をアドバイスする。

⑥ 子どもが登校を渋り始めた

「心配してくれている」と思える言葉かけ

場　面

　　保護者から，「うちの子が，最近『学校に行きたくない』ということを言うようになった」という電話が，放課後に入りました。次の日，早速その子と２人きりになり，向かい合いました。そんな時に，あなたはどんな言葉をかけますか？

1　状況解説・子どものとらえ

「怠けているわけではない」と考えよう

　「この子は，ただ怠けようとしているに違いない」と，つい思ってしまいがちです。しかし，それは見当違いです。それまで来られているのですから，子どもの環境や心情に何か大きな変化があったと考えるのが妥当です。

　もしも，何の問題もないのなら，子どもにとっては今まで通り通学している方が楽なはず。保護者にあれこれ問い詰められることもないですし，教師に指導されることもないのですから。

　ここでは，来たくないのではなく，来られなくなっているのだと思って接することが大切です。

　もしも，「先生は，わたしを責めている」と子どもに感じさせてしまえば，通学できなくなる原因を，更に増やすことになりかねません。

2 こんな時に伝えたい教師の言葉

> 来たくないと思うほどのことが，あったんだねえ。

1 原因を明らかにしようと思わない

　「学校に行けない」と思う子どもの多くは，優しくて繊細。1回尋ねただけで，学校に来られない原因が明らかになるとは思わない方がよいでしょう。

　まず，「『この子が休むくらいだから，とても重たい理由がある』と先生は思っていてくれ，心配している」と，子どもに感じてもらえるような言葉かけをしましょう。

2 子どもの情況を把握しよう

　「今は『行きたくない』度合いは，どれくらい？　10段階で一番行きたくないのが『10』だとしたら？」と尋ねてみましょう。自分の心情を，スケーリングを使って表現してもらい，子どもの状況を把握しましょう。

　次に，「明日の朝，どうなっていたら学校に何とか来られそうかな？」と解決すべき問題の核心を間接的に尋ねてみましょう。

　これによって，解決すべき問題が明らかになる場合があります。

ま と め

① 「重たい理由がある」と考えているということを伝える。

② 解決すべき問題の核心を，間接的に尋ねる。

---

⑦ 子どもがうそばかりつく

うそを責めない言葉かけ

場面

　ある子の宿題が提出されていません。「Ａさん，宿題出してね」と促すと，「もう出しました」と答えます。あちらこちらを探しましたが，やはり，ありません。そういえば，数日前も同じようなことがありました。そんな時に，あなたはどんな言葉をかけますか？

1 状況解説・子どものとらえ

なぜうそをつくのかに思いを巡らせよう

　うそをつくことを指導する前に，なぜうそをつくのかに思いを巡らせることが必要です。人がうそをつくのはどんなときでしょうか。

　・失敗したことに対して，それがとても悪いことだという認識があるとき。

　・失敗したことを叱責されることに対する強い恐れがあるとき。

　こうしたときでしょうか。

　特に，失敗した際に強く叱られたという過去の経験があるとき，子どもはひどいうそをつくことが多いようです。そうであれば，「うそをつくんじゃありません！」と厳しく叱ることでは，うそをつくことを決してやめさせることはできません。

　その上，厳しく叱責することは，更にうそをつかせる原因をつくることにもなってしまいます。

2 こんな時に伝えたい教師の言葉

> 悪いのだけれど，もう1回宿題を一緒にやろう。

① 得をさせないようにしよう

　うそを強く責めれば，子どもは最後まで否定しようとするでしょう。ですから，うそに対して厳しい指導をしてはいけないのですが，一方で，うそで得をさせてもいけません。

　もしも，うそをつくことで苦しい状況から逃げられたとしたら，その「成功体験」は子どもの人生を間違ったものにしてしまいます。ですから，この場合宿題はもう一度やってもらいます。

② やはりうそは見抜こう

　最終的には，やはりうそは「証拠」を見つけ，子どもに伝えるべきです。その際も，決して強く指導はせず，「したことがいけないことだということは，わかっていたんだよねえ？　叱られるのは，ものすごく怖いよねえ。先生も怖い。でも，今度は正直に言ってほしいなあ」と伝えましょう。

　その上で，「うそは何回ついても，先生は叱らないからね。すぐできないかもしれないけれど，いつかできるように先生も助けるからね」と伝えましょう。

まとめ
① うそをつくことで，成功させない。
② うそをつくこと自体を叱らない。

⑧ 子どもが当番活動をさぼっている

一緒に問題を解決する言葉かけ

場面

　職員室で用事を済ませ教室に戻ってくると，何人かの子どもたちが「Aさんが，掃除をさぼって，いません」と訴えてきました。掃除時間が終わり，戻ってきたAさんを呼びます。遊んできた後のようで，汗だくです。そんな時に，あなたはどんな言葉をかけますか？

1 状況解説・子どものとらえ

わざとではないというとらえで会話に入ろう

　他の子が「さぼっている」と興奮して訴えているので，こうした状況のとき，教師も同じように「わざと，さぼった！」と思い込みがちです。

　確かに頻繁に当番をさぼる子どもなら，「いつもさぼるのだから，今回もわざとだ」と思ってしまうこともあるかもしれません。しかし，実際にはただうっかりしていたということも少なくありません。

　そうした子どもに，はじめから「当番をさぼるのはいけないこと！　前にも言ったでしょう」と責めることに，効果はありません。

　「次は，忘れないようにしよう」「みんなに迷惑をかけてしまって申し訳ないなあ」と本人が自覚する前に，「なんて私はダメなんだろう」と，いたずらに自己肯定感を下げるだけになってしまいます。ここで，必要なのは心静かに子どもが内省できる雰囲気をつくる言葉かけです。

2 こんな時に伝えたい教師の言葉

すごい汗だね，さあ汗を拭いて。(ティッシュをわたす)

🌱 ① ゆったりとした雰囲気をつくるようにしよう

　まずは，ゆったりした言葉で，会話に入ります。ゆったりした言葉は子どもの緊張をほぐすと同時に，教師自身の怒りも鎮める効果があります。

　互いにゆったりとした心持ちになったら，一つずつ確認しましょう。

　「今日，掃除当番だったこと覚えていた？」「どの時点までは覚えていたの？」「誰かに声はかけられた？」と，状況を確認することが大切です。

🌱 ② 問題を一緒に解決するような姿勢を示そう

　子どもが，正直に自分のことを話してくれたら，「ありがとう教えてくれて」と応じましょう。その上で，「きみが忘れてしまうことを解決したいんだけれど，何かよいアイディアはあるかい？」と尋ねます。問題をその子の人格とは切り離して，一緒に問題を解決する姿勢をとります。

　困っているようなら，「掃除3分前に，先生が声をかけるっていうのはどうかな」などと，いくつかアイディアを例示してあげましょう。大切なことは，その子を責めることではなく，問題を解決することです。

まとめ
① ゆったりした雰囲気の中で状況を確認する。
② 解決のアイディアを一緒に考える。

・国重浩一（2013）『ナラティヴ・セラピーの会話術』金子書房

⑨ 子どもが忘れ物をしてしまう

報告してくれたことに感謝する言葉かけ

場面

　子どもが忘れ物の報告に来ました。

　「漢字ドリルを忘れてしまいました。すみませんでした。次からは忘れないようにします」

　これで3回連続して，この子は漢字ドリルを忘れています。

　そんな時に，あなたはどんな言葉をかけますか？

1 状況解説・子どものとらえ

① 静かに困っている子にしないようにしよう

　忘れ物の指導で一番大切なことは，その子に合った「忘れ物予防法」を見つけてあげることです。

　厳しく叱れば忘れないようになるとか，厳しく叱るのは周囲への引き締め効果になるとか考えるのは，大きな間違いです。よい方法が見つからない限り，その子は忘れ物を繰り返します。

　厳しく叱った場合の問題は，まだあります。それは，その子が失敗したときに，誰にも助けを求めない子になってしまうということです。自分が失敗したことを報告したときに，毎度厳しく叱られたら，その子は失敗の報告自体をやめてしまうでしょう。そうなれば，その子は助けを求めず「静かに困っている子」になってしまいます。

2 こんな時に伝えたい教師の言葉

いやあ，報告してくれてありがとう。

① 報告してくれたことへの感謝を伝えよう

本来なら，忘れ物をしたことを報告するなんて，子どもにとっては嫌なことなのです。叱られるかもしれないのですから。それを，しっかりと報告してくれたことに，まず感謝します。

その上で，その報告のおかげで，忘れ物を予防するよい方法が見つけられたという，子どもにとって心地よい経験となるようにすることが大切です。

② 子どもと協働して予防方法を考えよう

「先生に何かできることはあるかなあ」と，その場で支援に関することを，まずは尋ねます。

その上で，授業後，「忘れないようにする作戦を，2人で考えてみない？」と誘ってみましょう。

たくさんアイディアを出して，一つ一つ試してみることを提案します。どの方法が，一番効果があるかを試すゲームのような感じで，取り組んでみましょう。

まとめ

① 報告したことが心地よい経験になるようにする。
② ゲームを楽しむ感覚で，忘れ物を防ごう。

子どもが喧嘩をしてしまった

仲直りを無理強いしない言葉かけ

場 面

　子どもたちが廊下で騒いでいます。2人の子どもがつかみあっていて，それを取り囲むように他の子たちが，心配そうに見ています。ひとまず割って入って，2人を引き離します。そんな時に，あなたはどんな言葉をかけますか？

1　状況解説・子どものとらえ

🍎 「ごめんなさい」を言わせる指導をやめよう

　最も重要なのは，「ごめんなさい」と互いに謝ることを，指導のゴールにしないことです。もしも，「互いに『ごめんなさい』を言わせること」をゴールに据えてしまうと，2人とも納得できないのに，謝りさえすればいいということになりがちです。

　喧嘩は2人ともが「自分は正しい」と考えているからこそ起きます。そんな2人が，すぐに心から謝罪することは，本来は難しいことなのです。

　それでは，何をゴールにすべきでしょうか。それは，「互いの感じ方が違うということを，認識する」ということ。喧嘩した2人が学ぶべきことは，自分が正義だと思っていたが，相手にも正義があったと気づくことです。互いに，自分が正しいと思っているからこそ，争ってしまうことがあるのだということを，子どもに学ばせたいのです。

2 こんな時に伝えたい教師の言葉

仲直りしなくてもいいからね。

---

① 無理に謝らなくていいと伝えよう

「どうして，喧嘩になっちゃったかをはっきりさせようね。悪いと思っていないのに，謝る必要はないからね」と，まず言葉をかけます。

こう言ってあげると，子どもはほっとします。

「ああ，悪くもないのに謝る必要はないんだな。自分の気持ちを率直に言っていいんだ」と思うのです。

② 事実と気持ちを尋ねよう

順を追って話を聞いていきます。何をしてどう言ったのか。相手が何をしてどう言ったのかという事実を，正確に聞き取っていきます。

次に，それに付随する気持ちを尋ねていきます。「そのとき，どんなことを感じたの？」と気持ちを聞きます。あわせて，必ず「きみに○○って言われて（されて），相手はどんな様子だった？」と尋ねます。こう尋ねることによって，自分の言動を相手の目から見ることを促していきます。

そうすることで，怒っても仕方ない理由が相手にもあったと気づけるようにしていきます。

ま と め

① 率直に話してよいと感じてもらおう。

② 相手の感情にも気づかせるように言葉をかける。

---

11 子どもが挨拶をしない

自然と挨拶ができるように促す言葉かけ

場 面

　4月のある月曜日，朝玄関先で自分のクラスの子どもを見かけました。ちらっと，こちらを見たので，自分のことを確認したのだろうと思います。でも，「おはようございます」は言ってくれません。そんな時に，あなたはどんな言葉をかけますか？

1 状況解説・子どものとらえ

人と関わることの快さを感じてもらおう

　こちらが教師で，あちらは子どもだから，子どもから挨拶するのが当たり前でしょうというような考え方は，今の子どもには通用しません。社会状況は変化し，子どもは，安心できる人，心やすい人にしか自分から挨拶しなくなりました。

　もちろん，それが望ましいこととは言えません。しかし，子どもが悪いわけでもありません。不審者の問題や長いコロナ禍がそうさせてしまったのです。

　大切なことは，教師が子どもにとって安心でき，挨拶したくなる存在になることです。そして，挨拶をした後，その先生とおしゃべりすることが楽しいと思ってもらえるようにすることです。人と関わる快さを感じてもらうことが，遠いようで近い挨拶指導のポイントなのです。

2 こんな時に伝えたい教師の言葉

あれ，いつもと髪型が違うねえ。

① 注目していることに気づいてもらおう

　朝一番に，子どもに会ったら，見てわかる昨日との違いを言葉にしましょう。先生が自分に注目してくれているということを，子どもがわかれば嫌な気はしません。また，教師にとってみれば，このことは子どもをよく見ることの習慣化につながります。

② 子どものテンションに合わせよう

　昨日との違いを見つける。子どもに，それを伝える。伝えたときの子どもの様子を観察する。

　例えば，髪型に関してだと，髪型が変わったことを好ましいと感じているのか，その逆なのかを観察します。その上で，その日の子どもの感情のテンションと，合わせたテンションで子どもとおしゃべりします。声のトーン，大きさ，まなざしの強さ，姿勢，子どもとの距離も調節します。

　最後に，「あれ，（お互いに）『おはよう』って言ったっけ？」と尋ね，挨拶をします。これで，無理せず挨拶を促せます。

まとめ
① 昨日との違いをネタに話しかけよう。
② テンションを合わせて，自然に挨拶を促す。

子どもがものを大切にしない

「なるほど！」と気づかせる言葉かけ

場 面

　給食が終わりました。子どもが，手に食器を持って片付けに来ます。子どもたちの多くがガシャンガシャンと，食器を放り投げるように積み重ねていきます。もっと丁寧にものを扱ってほしいと思います。そんな時に，あなたはどんな言葉をかけますか？

1 状況解説・子どものとらえ

● 印象深い言葉かけをしよう

　子どもは，多くの場合，こうした場面で無意識に食器を片付けています。もちろん，ものを丁寧に扱った方がよいことも知っていますし，食器を割らないように片付けた方がよいことも，知っています。ただ単に無意識なのです。ですから，食器を片付けるときには，丁寧に片付けるのですよということを思い出させてあげればよいのです。

　しかし，当たり前のことを当たり前に注意するのは，できれば避けたいところです。なぜなら，当たり前のことを当たり前に注意されると，子どもたちの記憶に，そのことはほとんど残らないからです。

　できれば，「ちょっと聞いただけではわからない。でもよく考えれば，ああそういうことかとわかる」というような，印象深い言葉かけができるとよいです。

2 こんな時に伝えたい教師の言葉

いたたたたあああ……あ，今の食器の声ね。

---

① ものになったつもりで声を出してみよう

　食器になったつもりで，声をあげてみます。子どもたちは，「何事？」と思ってこちらを見ます。そこで，「あ，今の食器の声ね。」と説明をします。

　「先生，なにやっているの？」のように，怪訝な顔をして子どもが尋ねてきます。「いやあ，そんなに放り投げられたら，食器もきっと痛いだろうなあと思ってさあ」と，ものを擬人化して説明してみます。

② 子どもの思考を動かそう

　ものを擬人化する。その声を子どもに伝えることで，子どもの印象に残る指導にしようということを，ここでは狙っています。

　「先生が，何か面白いことを言っている」というところから，「ああ，なるほど！　片付け方に気をつけてほしいということか！」という気づきへと，子どもたちの思考が動きます。この「なるほど！」が大切です。子どもが，そう思うことで，次も気をつけようという気持ちがわいていきます。

まとめ

① 擬人化して，望ましい行動に気づかせる。

② 「何か面白いこと言っている」というところから，子どもの思考を動かす。

 参考文献

・岩下修（1988）『ＡさせたいならＢと言え－心を動かす言葉の原則－』明治図書出版

⑬ 子どもが学校の規則を守らない

行動目的に共感する言葉かけ

場面

　子どもが廊下の向こう側から，全力で走ってきます。もちろん，「廊下の右側を歩く」「廊下は，走ってはいけない」は，守らなければならない学校のルールです。それを，破っています。そんな時に，あなたはどんな言葉をかけますか？

1 状況解説・子どものとらえ

子どもの興味に共感しよう

　こうした時，廊下を走ることでどんな危険があるかも，自分が走っていることで，どんな迷惑が人にかかるかにも，子どもは気が回っていません。

　それよりも，興味深いこと，気になることが目の前にあるからです。

　ですから，その子どもにとって興味深いことがある限り，たとえ注意されたとしても，走ることをやめないことが多いです。仮に，教師に注意されて，いったん止まったとしても，その場を離れるとまた走り出すなんていうことがよくあります。

　ですから，大声で「走るな！」と言っても，「歩こう！」と言っても，結果としては，子どもを止めることはできません。

　ですから，逆に子どもが，今興味を持っていることに共感することで止めるしかないのです。

2 こんな時に伝えたい教師の言葉

> うわあ，なんか，すごく楽しそうだねえ！

① 目的に共感してしまおう

子どもは，何の目的もなく走ることはありません。何か目的があって走っています。その目的を達成しない限り，走ることを止めることはたぶんできません。

そこで，どうせ止められないのならば，いっそその目的に共感してしまいましょう。「うわあ，なんか，すごく楽しそうだねえ！　先生も一緒に連れてって」と言って，一緒にゆっくり歩くようにします。

② 目的達成後に話をしよう

興奮して走っているときに，いくら叱っても，話を聞いてもらえる可能性は低いです。そこで，子どもの持っている目的を共有して，一緒についていくようにします。さすがに，教師がそばにいれば，子どもは走りません。

図書館の読み聞かせイベントかもしれないし，だれか友だちを探しているのかもしれません。それに，お付き合いします。

その上で，「走ると危ないよ」と伝えるようにします。目的を達成すれば，話は聞いてもらえます。

まとめ
- ① 歩いて一緒についていく。
- ② 落ち着いてから，話を聞いてもらう。

14 子どもが「いじめられている」と訴えてきた（被害側）

全面的に心情に寄り添う言葉かけ

場面

　「先生，聞いてほしいことがあるんです」と言って子どもに呼び出されました。2人になり，「○○さんににらまれたり，友だちと話していると，その友達をどこかに連れて行かれてしまうんです」と相談を受けます。

　そんな時に，あなたはどんな言葉をかけますか？

1 状況解説・子どものとらえ

「いじめ」があるのは当たり前ととらえよう

　「自分のクラスでは，いじめを起こさせたくない」

　「苦しい思いをする子を，生み出したくない」

　こうした思いは，教師なら誰もが持つものです。いや，思いだけではなく，多くの教師がいじめを起こさないように日々努力しています。

　ですから，「いじめを受けた」という相談を，子どもからされたとき，まず次のような思いが頭をよぎります。

　「誤解ではないのか？」

　「この子が，大げさに考えているのではないのか？」

　しかし，こうした思いで子どもの話を聞いてしまうと，事実の確認が遅れたり，大切なことを聞き落としてしまったりすることになります。「いじめ」は，どこのコミュニティーでもあって，当然なのです。

2 こんな時に伝えたい教師の言葉

本当に苦しかったねえ。1人で悩んできたんでしょう。

① 追い詰められていると受け止めよう

その子が，教師に相談してきたという時点で，精神的にはもう限界にきているということ。まず，それを受け止めます。

一方で，保護者に相談した上で「先生に相談してごらん」と助言されたのかもしれません。保護者の認知も今後の対応の重要点です。

ですから，「1人で〜」と尋ねます。いずれにしても，今の状況を重たく受け止めていると伝わる言葉をかけます。

② 事実＋心情を確認しよう

相談してきた子どもの状況を重たく受け止めていると伝わるような言葉かけをした後は，事実の確認をしていきます。あわせて，それに付随している心情も尋ねていきます。

その際に，「大したことがない」「よくあることだよ」「それは普通にあることだよ」のような言葉は，厳禁です。

必ず「それは苦しかったよね」と全面的に心情に沿い，相談したことに罪悪感を持たなくてよいように，「よく話してくれたね」と言葉をかけます。

> **まとめ**
> ① 「重たく受け止めている」をメッセージとして送る。
> ② 心情に全面的に添い，相談した罪悪感の払拭も心がける。

15 「いじめている」と訴えられた子と向き合う（加害側）

相手の心情を慮るようになる言葉かけ

場面

　ある子どもから，「嫌なことをされている」と，相談を受けました。嫌なことの中身や時期などの詳細を聞き取りました。さて，「いじめている」と言われている側の子どもを呼び，静かな教室で向き合い，訴えられていることを，一通り説明し終わりました。その子は，うつむいています。そんな時に，あなたはどんな言葉をかけますか？

1　状況解説・子どものとらえ

全容解明を優先しよう

　一番大切なことは，まず，この件の全容を明らかにすることです。全容を明らかにしないで，「いじめている」と言われている側の子どもを，責めたり，「もうしない」と誓わせたりすることはありえません。

　ですから，「どうして，こんなことしたんだ！？」「二度とするんじゃないぞ！？」という言葉を，急いで言ってはいけません。

　もしも，そのような言葉によって当該児童が，脅威を感じてしまい，次の日から学校に来られなくなるということになってしまえば，最悪の結果というほかありません。

　実際，「いじめられている」と訴えた子が，実は「いじめていた」ということは，ありうる話なのです。

2 こんな時に伝えたい教師の言葉

> あなたには，あなたの言い分もあるよね。それも聞かせてほしいなあ。

① 「訴えを全部信じているわけではない」という雰囲気をまとう

　最初に伝えたいのは，この話し合いの目的です。あなたを指導することが目的なのではなくて，あなたの話を聞くことが目的なのだと第一に伝えます。

　事実を確認するまでは，「先生は，訴えを全部信じているわけではありませんよ」という雰囲気をまとって，加害者と見られる側の話を聞きます。

　「付け足したいこと，『ちょっと雰囲気が違うんだけどなあ』というところはないかな？」とも尋ね，確実な事実を積み上げていきます。

② 心情を受け止め理解しよう

　もちろん，どんな事情があってもいじめは許されません。しかし，自分の心情を理解してくれない指導者の言うことを，子どもが素直に聞くこともありません。

　また，自分の心情を受け止めてもらっていない状況で，相手の心情だけを慮るというのは難しいことです。たくさん，話を聞き，心情を受け止めたのちに，相手はどんな気持ちだったかに気づかせるようにします。

　そして，「あなたは，あなたのしたことを今はどう思っているかな」と尋ね，自身の行動がふり返られるように促すようにします。

まとめ
① 確実な事実を積み上げていく。
② 心情を受け止めて，相手の心情を慮れるようにする。

---

⑯ 子どもが性的な発言をする

自省を促す言葉かけ

場面

　子どもが，英語科の授業中，「シックス」と発音した際，ある子どもがニヤニヤしながら，それによく似た性的な言葉を大声で叫びました。

　数名の子は騒ぎはじめ，数名の子は迷惑そうな表情をしています。そんな時に，あなたはどんな言葉をかけますか？

1 状況解説・子どものとらえ

🍎 大げさな反応，厳しすぎる指導はしないようにしよう

　子どもが言葉を発した瞬間に，大げさに反応することはやめましょう。それをしてしまうと，子どもは「構ってもらえた」と誤解し，ある種の目的達成をすることになります。こうなると，性的発言は繰り返されるかもしれません。ですから，いったんは「教育的無視」をすると良いでしょう。

　あわせて教師が理解しておいた方がよいことは，性的なことに興味を持つことは，人として自然なことだということです。ですから，厳しい指導，過度な発言の抑制は，よい手段とは言えません。子どもの自然な感情に，罪悪感を持たせることになるからです。

　一方で，性的な発言がいつでも許容されるものではないこと，必ず嫌な思いをする人がいるということを知らせる必要もあります。今後，社会や集団に子どもが適応して生活をすることを目指すために，必要な指導です。

2 こんな時に伝えたい教師の言葉

さっきみたいなことをみんなに言うのが，好きなの？

---

① 発言を振り返ることを促そう

「教育的無視」をした後は，自分で自分の発言を振り返られるような言葉かけをします。

「好きなの？」と尋ねられれば，多くの子どもは恥ずかしくなります。おそらくは，「いいえ」と答えるでしょう。それに，「そうか，好きではないんだね」と軽く確認して先へと進みます。

② 興味を持つことを否定せずに，注意事項を伝える

少し先に進んだところで，次のような話をします。

・エッチなことに興味を持つことは，自然なことで別に悪いことではない。
・それを，「気持ちが悪いなあ」と思う人もいる。大勢の人がいる場所で言うことではない。訴えられた場合，「1年以下の懲役・100万円以下の罰金」という人もいる。
・興味がある人同士で，他の人がいない場所で話すのは，問題がない。

抑え込まずに，「ゆるされる場合」を教えてあげることで，公私の違いを理解し，社会に適応できる子どもに育つことができるようにしましょう。

まとめ

① 性的な発言をすることが好きなわけではないと，自ら言わせる。
② 許容される場面も教えて，過度に抑圧しない。

---

17 子どもが不適切な言葉を使う

適切な心情表現を示す言葉かけ

場面

　子どもが教室でじゃれ合っている。片方が，小さなちょっかいを出して，廊下へと逃げていく。ちょっかいを出された方は，教室にいて，「ああ，もう死ねや！　うざ！」と，やや大きな声で叫んでいる。そんな時に，あなたはどんな言葉をかけますか？

1 状況解説・子どものとらえ

🌱 素直に聞ける言葉で指導をしよう

　悪気がないとしても，正しい言葉選びと，使い方を教えてもらわない限り，子どもはそれには気づかないはずです。

　しかし，「なんだ？　今の言葉！」というような「強い指導」は，効果がありません。大人は，よく怖がらせて不適切な行動を抑え込もうとしますが，それは，本当にはできないのです。

　この場合も，衝動的に悪い言葉遣いをしてしまっているので，厳しく叱られたら，まずは驚き，戸惑ってしまうだけです。

　次に，「相手の方が悪いじゃないか。普通に教えてくれれば，それでいいのに」と子どもは反発を感じるだけです。

　反発を感じさせず，子どもが素直に教師の言葉で自分を振り返り，気をつけようという気になる言葉で指導するのがいいのです。

2　こんな時に伝えたい教師の言葉

今のって，「すごく腹が立ったよねえ？」。

① 悔しさを理解してあげよう

　言葉をただす前にすべきことがあります。それは，この子の悔しさを理解してあげることです。それをしないで，使った言葉の不適切さだけを言われても，子どもはやり場のない怒りを持て余すだけで，言葉を変えることはできません。

　まずは，指導を受け止められる心の態勢を整えてあげましょう。

② 適切な言葉に置き換えていく

　子どもの心の態勢を整えるには，更に気持ちを代弁して伝えてあげることが大切です。「『悔しい』って思ったよねえ」というように，「ああ，もう死ねや！　うざ！」の内容を，違う言葉に置き換えて伝えていくのです。

　子どもの言葉は環境に影響されて，変わります。しかし，適切な言語が子どもの周りに溢れているだけでは，不十分です。

　自分の気持ちをわかってくれる親和性の高い人がいて，その人が適切な言葉を示してくれた時に，はじめて言葉は，子どものものになっていくのです。

まとめ
① 指導の前に心の態勢を整える。
② 子どもとの親和性を高め，適切な言葉を示す。

18 子どもが友だちの体に触れてしまう

「信頼している」気持ちを認める言葉かけ

場 面

　中学年のある男子が，男女関係なく相手の体に触れてしまいます。他の子どもたちが，「○○くんって，よくさわってくるよねえ」と話している場面を見かけたこともあります。いま，その子が他の男子に話しかけながら，相手を抱きしめました。そんな時に，あなたはどんな言葉をかけますか？

1 状況解説・子どものとらえ

🌱 禁止の言葉かけはしないようにしよう

　よくない言葉かけは，「抱きつくのはやめなさい」「ベタベタと人に触るのはやめなさい」というような禁止の言葉かけです。

　中学年ですから，いえ高学年でもあっても，相手の体に触れるということは，多くの場合，その子に悪気はありません。むしろ，相手への愛情の表現，あるいは甘えなどの気持ちの表れの場合が多いです。

　それなのに，ただ単に抱きついたり，触れたりする行為だけを禁止してしまうと，かえって子どもは混乱して，そのストレスから「不適切な」行為を増やしてしまう可能性もあります。

　そこで，大切なことは，まず相手が好きだという気持ちを理解してあげること，その上で相手にも嫌われない適切な関わり方を，冷静に伝えてあげるということです。

2 こんな時に伝えたい教師の言葉

○○さんのことを，とても信頼しているん（好きなん）だねえ。

① 信頼と愛情を認めよう

　まずは，相手を「とても信頼しているから，触れちゃうんだよね」，あるいは，「好きだから，触っちゃうんだよね」ということを，伝えてあげましょう。

　この気持ちを，「より良い形で表現できるといいよね」と伝える方向で指導しましょう。つまり，気持ちを認め，行動は適切に変えていくという指導をしていくことにします。

② 触れた相手も，観察しよう

　触れられている相手の様子も，観察しましょう。

　相手がそれほど気にしていない場合は，「イヤだと思う人も，いるかもしれないからね」と話します。

　少しでも，イヤそうな場合は，「あなたのことは，嫌いじゃないと思うけれど，触れられるのがイヤそうだよ」ということを伝えてから指導に入りましょう。

　そして，触れてもよい場所（肩など）を，どのように，どの程度なら触れてもよいかを，触れられた相手と，共に確認しましょう。

ま と め

① 信頼と愛情をより良い形で表現させてあげよう。

② 触れてもよい場所や，触れ方を指導しよう。

子どもが複数で行動したがる

目的と行動を確認する言葉かけ

場面

いつも，仲良しの３人組。そのうちの１人の具合が悪そうです。そして，他の２人が保健室に付き添っていくことの許可を取りにきました。

この３人はいつでも，何をすることも，３人ですることが多く気になっています。そんな時に，あなたはどんな言葉をかけますか？

1 状況解説・子どものとらえ

関係悪化だけは避けよう

１人の体調不良に乗じて，２人が何かの活動を，サボろうとしているように，教師は疑ってしまいがちです。

そして，「２人のうち，どちらかにして」，「保健委員についてもらおう」などと，つい言ってしまいがちです。

しかし，それはよい方法とは言えません。まず，あなたの疑っている気持ちは，雰囲気から伝わってしまいます。その上，口から出る言葉が，３人を分断させようとするようなものである場合，子どもたちとの関係は，今後むずかしいものになるに違いがありません。

保健室への付き添いを申し出てきた２人の真意が，たとえあなたが疑っているような内容だったとしても，関係悪化は避けるべきです。２人の気持ちも受け止め，あなたの願いもかなえるような言葉かけをすべきです。

2 こんな時に伝えたい教師の言葉

ありがとう！　それは○○さんも安心だね。

---

① まずは，ポジティブなフィードバックをしよう

　この言葉は，2人の申し出に対して，ポジティブなフィードバックとして働く言葉です。

　一方で，2人に2人の行動の目的を確認してもらうための言葉かけでもあります。「あなた方，2人は，具合の悪い人が，不安にならないための付き添いをするんだよ」ということを念押ししているわけです。

② 行動を具体的に示してあげよう

　2人に付き添いの目的を確認した上で，次のことを更に確認しましょう。

　「先生も，○○さんのことが心配だから，保健室についたら，保健室の先生の判断と，このあと，どんなことに気をつけたらよいかをしっかりと聞いてきて，すぐに先生に伝えてほしい。できれば，早めにね」

　こう話をします。目的を達成するために，2人に求められる行動を具体的に規定して，示してあげます。

　このように伝えると，2人はやるべきことがはっきりとして，適切な行動をとりやすくなります。

まとめ
　① 行動目的を確認してあげよう。
　② 具体的な行動の仕方を示してあげよう。

㉒ 子どもが席替えのあと，不満を言う

診断的言葉かけ

場面

　席替えをした直後，ある子が「うわ，サイテー」とつぶやきました。
　周囲の子どもに聞こえたら，その子にとっても，周囲の子にとっても，好ましくない状況を招きそうです。
　そんな時に，あなたはどんな言葉をかけますか？

1 状況解説・子どものとらえ

まずは理由を確かめよう

　この場面でしてはいけない言葉かけは，「そんなことを言ってはいけません！」というものです。その子が「サイテー」と言った理由が，この時点ではあなたにはよくわかりません。「近くの席になった子」に不満があるのか，その「場所」に不満があるのかがわからないのです。

　もちろん，「近くの席になった子」に不満があるからと言って，その場で不満を口にするのは，正しいことではありません。

　しかし，「そんなことを言ってはいけません！」と言ったとしても，問題は解決しません。

　もしも，人間関係を原因とした不満だったとしたら，それがどのようなものかを，教師が把握して，その上で該当児童同士の関係を修復することを，この場面では目指すのがよいでしょう。

64

② こんな時に伝えたい教師の言葉

あらあ，窓際の席はイヤだった？

① 誰も傷つけない言葉をかけよう

　子どもが，なぜその席をイヤだと感じているか。まずは，これを明らかにしたいところです。これがわからない限り，次の適切な一手を繰り出すことはできません。

　そこで，その子も周囲の子も傷つけない言葉。かつ，当該児童の真意がわかるような診断的な言葉かけをします。

② 呼び寄せて，更に尋ねよう

　先のように尋ねたら，間髪入れずに児童を呼び寄せ，更に事情を尋ねます。

　もしも，「窓際の席」がイヤなら，場所による文字の見え方や，明暗などの問題が潜んでいるかもしれません。

　一方，「近くの人」に問題を感じているようならば，その場では聞かずに，あとから別室でゆっくりと事情を尋ねます。根深い問題であれば，その場での子どもの不用意な発言によって，問題が，より複雑になる可能性があるからです。

　こうした場面では，様々な可能性を考える危険予測の感度を高めて対応します。

> **まとめ**
> ① 診断的な言葉かけで，子どもの真意を読み解く。
> ② 危険予測の感度を高めて対応しよう。

21 子どもが親との関係で悩んでいる

子どもの苦しさを受けとめる言葉かけ

場面

「どうせ，私なんて……」が口癖の子どもが，ふと「私の親って，お姉ちゃんと私のことをすごく比べることがあって，『お姉ちゃんと違って，あなたはできるでしょ？』みたいに言うことが多いんですよ」と話しました。そんな時に，あなたはどんな言葉をかけますか？

1 状況解説・子どものとらえ

ポジティブにとらえないようにしよう

ここで，絶対に子どもにかけてはいけない言葉があります。それは，「親は，あなたに期待しているんだよ」「あなたのことを評価してくれているんだもん，うれしいじゃないか」というような言葉です。

子どもにとって，兄弟姉妹と比べられることは，とても苦しいことです。

もちろん，低く評価されているわけじゃないから，認められないよりもまだましだと，思えなくもありません。しかし，兄弟姉妹と比べられて，いつも「よい子」でいられるように頑張り続けなくてはいけない。「あなたは，○○と違ってえらいよね」というような言葉を，相手の前で言われるという状況は，子どもにとって本当に悲しいはずです。

簡単にポジティブにとらえてはいけない場面です。

2 こんな時に伝えたい教師の言葉

> 先生があなたなら，耐えられないなあ。

① 子どもの苦しさを身の内に入れてみよう

　子どもの苦しさを，自分の身の内に入れたとき，その内側からあふれ出てきた言葉なら，どんな言葉でも，子どもに響くはずです。

　子どもの苦しさを，リアルに自分事として想像してみてください。毎日のように兄弟姉妹と比べられ，失敗が許されない毎日を想像して，言葉をかけましょう。

② 子どもの苦しさ，不安に寄り添う

　先のように，子どもの苦しさ，不安を自分事として想像し，出てきた言葉を子どもに伝えたら，あとは子どもに寄り添って話を進めてみましょう。

「どうやって，その苦しさに耐えているの？」

「いい子で，いつづけるって大変でしょう？」

「今までも，我慢してきたんだね」

「先生が，きみのためにできることはないかな？」

　子どもから，特に要望がなかったら，「それじゃあ，何かあったらいつでも先生に話してね」と伝え，今後も頼っていいことをしっかり伝えましょう。

ま と め
① 苦しい毎日をリアルに想像しよう。
② いつでも頼っていいことを伝えよう。

子どもが特定の子に執着する

誰も悪者にしない言葉かけ

場面

ある子どもが，普段から一緒に過ごすことが多い子に，「図書館に行こう」と言って誘いました。誘われた子は，「ええ？」と言って，少しイヤそうな表情です。それでも，「いいからあ」と言って，無理に連れて行こうとしています。そんな時に，あなたはどんな言葉をかけますか？

1 状況解説・子どものとらえ

そのままスルーしないようにしよう

一番いけないのは，何も対応しないことです。「子どもだから，そういうことはあるよね」と考えてしまうと，あとで深刻なトラブルとなって，この2人の関係が問題になることがあります。それに，誘われた方の子どもは，明らかにイヤがっているわけですから，何か事情があります。

一方で，この誘われた側の子どもを悪者にしてもいけません。例えば，「○○さんがイヤそうだよ」というようなことを言ってしまえば，誘われた側の子どもが，立場を悪くしてしまいます。

力関係によっては，あとから意地悪なことを言われるようなことも起きるかもしれません。

ここでは，誰も悪者にしない言葉かけが必要となります。

2 こんな時に伝えたい教師の言葉

> ○○さん，英語の□□先生がさっき呼んでいたよ。先生と行こう。

① 誘われた方にアプローチしよう

　誘った方の子どもにアプローチするのは，慎重にすべきです。まずは，誘われた方の子がどう感じているのかを確かめるのが先です。それには，この状況から，誘われた子を分離してあげること，そして事情を詳しく聞けるチャンスをつくる必要があります。

　誘った方の子どもには，「ごめんねえ。じゃましちゃってねえ」と，教師からわびておきます。

② 2人の関係を尋ねよう

　誘われた方の子どもに，2人の関係について尋ねることにします。もちろん，「ちょっとトイレに行きたかったから，イヤな表情になっちゃった」というのなら問題はありません。しかし，「いつも，結構強引に誘われて〜」というような話をするようならば，対応が必要です。

　まず，断り方を教えてあげる必要があります。「今はできない」＋「理由」＋「いつならいいか」を伝えるように，助言しましょう。そして，それでも相手が強引な時は，必ず教師に助けを求めるように言いましょう。

まとめ
① 誘われた方の子を，状況から分離する。
② 断り方を教えてあげる。

㉓ 子どもの姿と親の訴えが違いすぎる

子どもの安全を保障する言葉かけ

場面

　保護者から電話がありました。自分の子は，友だちがいなくて，休み時間は1人でいる。「学校が楽しくないから，行きたくない」と訴えていると言います。友だちが多く，休み時間も楽しそうに過ごしていると，あなたには感じられていました。その子に，あなたはどんな言葉をかけますか？

1 状況解説・子どものとらえ

まずは，子どもの緊張を解こう

　「どうして，おうちの人に事実じゃないことを伝えるの？」というような詰問を，この場合には絶対にしてはいけません。

　子どもは，学校と家庭での役割や環境の違いから，不本意ながら違うことを，言わなくてはいけなかったのかもしれません。

　自分の身を守るために，悪いと思いながら，仕方なくとってしまった行動かもしれません。

　もちろん，教師の「見取り」が，間違っている場合もあります。楽しそうに見えただけかもしれません。しかし，それにしても母の訴えと子どもの様子がかけ離れているとしたら，やはり何か事情があるはずです。

　このように，様々な隠れた事情がありそうな場合は，真意を聞き取るために，まず子どもの緊張を解いてあげるような言葉かけをする必要があります。

2 こんな時に伝えたい教師の言葉

言いたくないことは言わなくていいからね。

① 圧力を感じさせないようにしよう

　教師が尋ねたことに，子どもは答える義務がある。こう考えてしまうと，子どもは言いたくないことまで言わなくてはならず，この場面でも本意ではないことを，言わなくてはならない圧力を感じてしまう可能性があります。

　まずは，「言わない」という権利もあると知らせ，子どもを安心させてあげます。

② 「おうちの人にも，伝えない」と伝えよう

　「あなたから聞いたことを，すべておうちの人に伝えるわけではないよ。あなたが『言ってほしくない』と思っていることは，言わないつもりでいるからね」ということも，伝えてあげましょう。

　子どもは，とても弱い存在です。また，そのことを子ども自身もよく理解しています。自分が思っていることや，感じていることを，そのままおうちの人に伝えられれば，自分の立場がどうなるのかについては，とても敏感です。

　安全を保障してあげることが，子どもの真意を知る一番の近道です。

まとめ

① 「言わなくてもいい」と，伝えることで安心させてあげる。

② 安全を保障することが，真意を知る近道。

子どもが下校時にトラブルを起こした

子どもの心情に同調する言葉かけ

場 面

　隣の学級の子どもが，あなたの学級の子と，昨日の下校時トラブルになったと訴えてきました。どうやらあなたの学級の子が，喧嘩の最中に石を投げつけたようです。あなたは，あなたの学級の子どもを呼び寄せました。そんな時に，あなたはどんな言葉をかけますか？

1 状況解説・子どものとらえ

まずは，事実を漏れなく確認しよう

　ここでは，「石を投げたのか？」と，いきなり尋ねるのが一番いけません。もしも，そう尋ねれば，子どもは一気に自分の身を守るモードに入ります。

　「最初は，○○くんが悪口を言ってきて……」というようなことを，話し始めるでしょう。これに，あなたは「石を投げたか，投げていないかを聞いているんだよ」と，やや高圧的に事実確認を急ぐことになります。

　こうしたやり取りになると，あとで問題が生じます。

　1つ目は，事実の漏れが生じる点です。時系列で事を追っていないので，子どもは印象に残っていることを中心に話します。

　2つ目に，子どもの言い分を中心に聞くことになりますから，自分のしたことを，子どもに振り返らせることができなくなります。まずもって大事なことは，事実の確認です。

2 こんな時に伝えたい教師の言葉

> 昨日の放課後の再現ビデオをつくるよ。ここは，玄関，下駄箱の……

① 事実を正確に再現してもらおう

「昨日の放課後の再現ビデオをつくるよ」と，言葉を掛ければ，正確に時系列で，事を再現する必要が出てきます。

時々，「誰が」「どこで」「なにを」「どんなふうに」「誰に」「誰か見ていた人は」という合いの手を入れながら，教師も頭の中で映像化しながら話を聞きます。

このように時系列で事実を確認することで，漏れを防ぐことができるのです。

② 心情に同調しながら聞こう

事実を正確に再現してもらいながら，子どもに話をしてもらうには，細部を時系列に聞くだけでは十分ではありません。

もう一点大切なことがあります。それは，子どもの心情に同調しながら尋ねるということです。事実だけを尋ねると，子どもは自分にとって都合の悪いことに，途中で気づき，そこを避けて話しがちです。

そこで，「それは，腹が立ったよね？」「それは，ひどく傷ついたでしょう？」と，ある種，子どもをエンパワメントしながら話を聞きます。

> **まとめ**
> ① 映像化しながら，子どもの話を聞く。
> ② エンパワメントしながら話を聞く。

㉕ 陰で悪口を言われていると訴えてきた

自分で解決できるように勇気づける言葉かけ

場面

　ある子が，「先生，少し時間もらえますか？」と尋ねてきました。何か相談事があるようなので，静かなところで話を聞きました。いつも一緒にいる３人組のうちの１人が，その子以外の２人の悪口を言っているようだというのです。そんな話のあとに，あなたはどんな言葉をかけますか？

1 状況解説・子どものとらえ

すぐに救わなきゃいけないと，思わなくてもよい

　ここでは，子どもが相談してきたからと言って，何かしらの行動をすぐに起こさなければならないとは，思う必要はありません。

　第一に，一方的ないじめや激しい非難，仲間外れが行われているとは考えにくいからです。また，こうしたことは，今後の人生で何度も経験しそうな出来事です。その子の性格にもよりますが，できれば自分自身で気持ちの整理をつけ，問題解決をしてほしいところです。

　もちろん，そのためのサポートやケアはいくらでもしてあげるべきです。しかし，その子の問題をその子に解決させず，横から奪ってしまうことは，その子の成長の機会を奪ってしまうことにも，なりかねません。

　大切なことは，その子がどうしたいのか，そしてどんなサポートやケアを望んでいるかということです。

2 こんな時に伝えたい教師の言葉

先生にしてほしいこと，先生ができそうなことは何かな？

① 選択肢を提供して，自分で選んでもらおう

ピンとこないようだったら，いくつか選択肢を提供します。

・先生が聞いてくれれば，今のところは大丈夫。

・先生がいる場所で，相手と話がしたい。

・自分は直接言えないから，先生から伝えてほしい。

このように例示をして，選んでもらいます。

次に同じような状況になったときに，この例示が，この子にとってのロールモデルになるはずです。

② 長い時間，サポートをすることで安心させてあげよう

どの方法を子どもが選んでも，精一杯に教師はサポートします。

特に，「話を聞いてくれればいい」ということを子どもが選んだ時は，「ちょっとでも，先生と話がしたいと思ったらすぐに声をかけてね」と伝えておきます。

また，時々「○○さんとの件は，どうなっているの？」と声をかけてみるようにします。こうして，長く気にかけてあげること自体が，この子にとっての勇気づけとなり，自分で問題を解決する力となっていきます。

> **まとめ**
> ① 自分で選んで，自分で解決できるようにする。
> ② 気にかけてあげることで，子どもをエンパワメントする。

26 教室内で物がなくなった

明るい気持ちになれる言葉かけ

場面

　子どもが，「先生，私の筆入れがなくなったんです」と訴えてきました。前後のことを聞き取ってみましたが，どうやら机の中に入れておいたのに，休み時間の間になくなったようなのです。

　そんな時に，あなたはどんな言葉をかけますか？

1 状況解説・子どものとらえ

同じ気持ちになってあげよう

　まずは，不安な子どもの心をケアすることが大切です。

　「どこかに置き忘れたかもしれないなあ」とか，「この子は，持ち物の管理が普段から……」とか思いそうになっても，真摯に対応をしてあげましょう。

　まずは，その子と同じ気持ちになってあげることが大切です。あなたの最も大切なものが，紛失したときのことをリアルに想像しましょう。

　いつまではあったのかということもはっきりさせ，できれば，周囲の子どもの話も聞き，いつからいつまでの間になくなったのかも，確認しておきましょう。

　その上で，置いてあったら嫌だなと思う場所（トイレ，ごみ箱など）は，教師が1人で確認し，そうではない場所は他の子どもにも手伝ってもらって，探しましょう。

② こんな時に伝えたい教師の言葉

大丈夫だよ，一緒に探そうね。

① 一緒に探すことを強調しよう

自分のものがなくなるというのは，とても心細いものです。ですから，と
にかく１人にはしないことです。

見つからないときは，教師が自分の持ち物を貸し与えて，「先生のお気に
入りの鉛筆と，消しゴムを貸してあげるね。特別だからねえ」と，少しでも
明るい気持ちになれるように配慮します。

② 学級の子ども全員で探そう

一方で，周囲の子どもたちには「○○さんが，とても今悲しい思いをして
いるんだよ。みんなで助けてあげようねえ」と言って，しばらくの時間，一
緒に探してくれるように頼みます。

この時，個々の子どもたちの様子をさりげなく観察しておきましょう。意
外と，みんなでの捜索でものが発見されることは少なくありません。

様々な可能性を考えて，学級の中で，人間関係で不満を抱えている子ども
がいないか，その後に全員との個人面談をするような対応が必要です。

まとめ
① 教師の大切にしているものを貸してあげ，安心させてあげよう。
② 子ども同士の関係を，しばらく注意深く観察する。

27 朝の準備をせずに，休日のことを話してきた

「もっと話したい」を引き出す言葉かけ

場面

　休日の翌日，勢いよく教室に飛び込んできた子どもが，あなたをめがけてやってきます。ランドセルを背負ったまま，休日のことを一気に話し始めます。「あのね，昨日ね，川に釣りに行ってね……」

　そんな時に，あなたはどんな言葉をかけますか？

1 状況解説・子どものとらえ

幸せな1日にできるようにしよう

　絶対にいけないのは，子どもの話を遮ることです。

　「ランドセルを片付けてからでしょう？」なんて，指導を始めたりしてはいけません。

　もちろん，朝の片付けをしっかりすることが必要ないわけではありません。しかし，この子の一日を考えたとき，今すぐに話したいことを担任に聞いてもらえるのと，朝のルーティンができるようになるのと，どちらが幸せでしょうか。

　その上，この子は，担任にずっと休日の楽しい思い出を話そうと思って，通学路を歩いてきたに違いありません。

　子どもは，嫌いな人に自分のことを話そうとは思いません。そう考えると，とても愛おしいではないですか。

2 こんな時に伝えたい教師の言葉

> うわあ，楽しそう！　先生も，釣りがしたくなってきちゃった。

① 「あなたの話がよかった」を伝えよう

　一番はじめに伝えたいことは，「あなたの話が楽しかったので，先生も釣りがしたくなった」ということです。言葉の中に「あなたの話がよかった」というニュアンスを散りばめて，フィードバックしたいのです。

　このメッセージによって，自分のことを他者に伝えることに喜びを感じる人に育てたいものです。

　そして，こうした心持ちこそが，他者とコミュニケーションを上手にとる子の素地となります。

② ひと段落してから，朝の準備を促そう

　話がひと段落したところで，「じゃあ，ランドセルを一緒に片付けようか」と促します。

　そして，「そうかあ，やっぱり釣りはいいよねえ」と言いながら，その子の横につき，話します。「あなたの話をもっと聞きたかったよ」という名残惜しさを，演出するのです。

　これでこの子は，「また，先生に話したい」と思うはずです。

まとめ

① 　前向きな受け止めで，コミュニケーションの素地を培う。
② 　名残惜しさを演出して，「また話そう」という気持ちを持ってもらう。

家族のプライバシーにかかわることを大声で話す

ケアする必要性を診断する言葉かけ

場面

　休み時間に，他の子どもたちと談笑しているあなたに向けて，ある子が「先生！　そう言えば，うちの姉ちゃん離婚したさあ！」と，大きな声で話しかけてきました。その場にいた子どもたちは，どう反応していいかわからず戸惑っています。

　そんな時に，あなたはどんな言葉をかけますか？

1　状況解説・子どものとらえ

🌱 当惑しているという前提で，言葉をかけよう

　その子の人柄によって，この発言をどのようにとらえたらよいのかは，むずかしいところです。

　ただ，どんなに普段から明るく，みんなの笑いをとるような子どもであっても，少なくない衝撃を受けていることを想定して言葉を掛けましょう。

　また，戸惑っているからこそ，悲しいからこそ，大きな声でみんなに聞こえるように話したとも考えられます。自分自身の強張った気持ちを何とかしたい，その気持ちから逃れたい。そんな気持ちの表れだととらえることもできます。

　人前で話すことを選んだのは，本人ですから，ここではそのこと自体をとがめる必要はありません。それより，どうケアするかが大切なことです。

2 こんな時に伝えたい教師の言葉

> それは，苦しいねえ。

🌱 ① 診断的言葉かけをしよう

　あなたにこのことを伝えてくる時点で，子どもはどう受け止めていいのか戸惑っていると，考えてよいでしょう。まずは，子どもの心情がどのようなものかを詳しく理解するための診断的な言葉かけをしてみましょう。

　こうした言葉かけの直後の子どもの目の表情を，よく観察して真意を読み取りましょう。

🌱 ② 言葉に隠れた真意を理解しよう

　子どもは，「別に苦しくないよ」と言ったり，「わがままだから，きっとアイツが悪いんだ」と言ったりするかもしれません。

　こうしたときには，言葉を意味通り受け取ってはいけません。

　本人が，戸惑いを否定したり，家族のことを否定したりすればするほど，悲しみや残念な気持ちは強いと理解して，少し時間をおいて2人きりで話す時間を設けるのがよいでしょう。

　特に同居家族の状況変化は，子どもの心に大きなダメージを与えている可能性があるので，注意が必要です。

ま と め
① 診断的言葉かけの直後の様子を注視しよう。
② 強く否定すればするほど，ケアが必要だと考える。

子どもの真意を洞察する

　筆者は，幼稚園教諭を2年間していました。

　子どもへの，先輩教師の対応で驚いたことがありました。

　次のような場面でした。

　ある乱暴な子が，背を向けている先輩教師の脚を蹴ってきたのです。

　それに，先輩教師は叱って指導するのかと思っていたら，まったく違う反応をしたのです。

　その子を見ると，さっと抱き上げ，ぎゅっと抱きしめて，「遊びたいときは，『遊んで，先生』って言うんだよ」と言ったのです。

　すると，その子は恥ずかしそうな顔をして，「ごめんなさい，遊んで，先生」と，とってもいい顔で言ったのです。

　当時，若かった筆者は，子どもが思い通りに活動してくれないことに，イライラすることが多かったです。

　そして，どうしたら子どもを意のままに動かせるかに，心を奪われていました。

　この場面の先輩教師の対応を目撃して，そうした自分の課題意識をあさましいものだと，恥ずかしく思ったものでした。

　大切なことは，子どもの表面的な言葉や行動に対する反応ではなく，子どもの真意を洞察する心眼の豊かさだったのです。

第3章

子どもの学習を支える
愛のある言葉かけ

① 子どもが発表しない

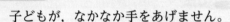

対話へとつなげる言葉かけ

場面

　子どもが，なかなか手をあげません。

　発問をしても，子どもの表情は硬いままです。そして，授業は停滞しています。ふと，「前に担任した○年生は，この発問で授業が活性化したんだけどなあ」というようなことが，頭をよぎります。

　そんな時に，あなたはどんな言葉をかけますか？

1 状況解説・子どものとらえ

直接答えを求めないようにしよう

　こうした場面で，教師はつい次のようなことを言ってしまいます。

　「これくらいのことには，答えられた方がいい」「間違ってもいいから言ってみてごらん」

　結論から言うと，こうした追い込みはしない方がよいでしょう。

　こう言うと，たしかに数名の子が手をあげるかもしれません。しかし，多くの子はかえって委縮してしまうのです。

　教師が，「間違ってもいいから……」「何でもいいから……」と言えば言うほど，かえって子どもは話せなくなります。

　ここでは，問いそのものに対する答えを直接求めるのは，うまい手とはいえません。

2 こんな時に伝えたい教師の言葉

「先生の聞いていること，むずかしいよね？」って，隣の人に聞いてみて。

① 自分自身の問いを診断しよう

これは，診断的な言葉かけの例です。診断されるのは，子どもたちではありません。教師です。子どもが，隣の子に「先生の聞いていること，むずかしいよね？」と尋ねられた瞬間の表情で，教師自身の尋ねた内容が，適切であったかどうかを見極めるのです。

② 何が，どうわからないか尋ねてみよう

「うん，むずかしい」という子が多かったら，「『こういうことなら答えられるのに……』っていうのがあったら，隣の人と話してみて」と言います。

また，「聞き方が，むずかしい？」「聞かれていることが，むずかしい？」と尋ね，子どもたちと対話します。

子どもにとっては，一回で先生の言っていることが伝わることも重要ですが，「わからなくても，先生は，そのわからなさをわかってくれようとする」と感じられることの方が，もっと重要です。

まとめ

① 言葉かけによって，教師の問いを診断しよう。
② 子どもの「わからなさ」をわかる努力をしよう。

② 子どもが，授業中に不規則な発言をする

ロールモデルを示す言葉かけ

場 面

　その子には，その時々でお気に入りのフレーズがあります。テレビ・コマーシャルなどのワンフレーズや歌のフレーズが，特に頭に残りやすいようです。そして，問題を解いたり，絵を描いたりするときなどに，それが延々と出てしまいます。

　そんな時に，あなたはどんな言葉をかけますか？

1　状況解説・子どものとらえ

強く禁止しないようにしよう

　一番いけないのは，不規則発言を強く禁止することです。

　それをしてしまうと，この子の教室での立場が危うくなります。不規則発言をすると，周囲の子どもたちが，繰り返し注意するようになったりします。

　また，この子は無意識に，お気に入りのフレーズを言ってしまっているかもしれません。

　そうだとすると，言わないようにしようと思えば思うほど，その重圧で，かえって言ってしまうということにもなりかねません。しかし，担任としては，他の子の学習の邪魔にもなりそうで胸が痛みます。

　そこで，禁止するのではなく，違う方法を提案するという方法で，学級にこの子が自然と溶け込めるようにしましょう。

2 こんな時に伝えたい教師の言葉

> それを言うと，楽しく勉強できるんだね。

① 声を出していることを自覚してもらおう

この言葉には，２つの効果があります。１つは，本人に自分が声を出しながら学習していることを自覚してもらうということ。

もう１つは，周囲の子どもたちに対する効果です。声を出している子に，柔らかに対応をするというロールモデルを示すという効果があります。

② 一緒に声を出してみよう

「楽しく勉強できそうだね。先生も，一緒に声を出してみようかな？」

一緒にしばらくの間，声を合わせてみます。

次に，こんなふうに言葉を掛けてみます。

「あ，でも，先生まで一緒に言ったら，みんな『うるさいよ』って思うよね。じゃあ，２人で言ってもいいように，声を小さくして言ってみようか」

その子が，声を小さくできたら「その調子」と，小さな声で言って認めてあげます。更に，「大きな声で言いたくなったら，教えてね。廊下で，先生と言おうね」と話します。

まとめ

① 言葉かけで，他の子どもたちのロールモデルを示す。

② 一緒に声を出すことで，声の大きさがコントロールできるようにする。

---

③ 子どもが隣の子と交流しない

緊張を解いて，共感を促す言葉かけ

場面

算数の時間，「平行四辺形の面積を求める公式が，なぜ，『底辺×高さ』になるのかを，隣の人に説明してみましょう」と，子どもたちに指示をします。

いつもは，真っ先に話し始める子が，話し始めません。

休み時間には，隣の子とあんなに楽しそうにおしゃべりしていたのに。

そんな時に，あなたはどんな言葉をかけますか？

1 状況解説・子どものとらえ

子どもの苦しさを理解しよう

こんな時に，すぐに教師はそばに行って，声をかけようとします。

しかし，こうした子どもたちの中には，あからさまな教師の支援を避けたいという子もいます。高学年ならなおさらです。ほかの子どもたちの目が気になるのです。

ですから，名前を呼ぶなどの個人へのアプローチはとるべきではありません。もしも声をかけられれば，なおさら何も言えなくなってしまうということも，あります。

また，「まだ，話していない人がいるなあ」などと追い込むことも，よい策とは言えません。ここで大切なのは，「さりげなさ」です。

さりげなくプレッシャーを解き，さりげなく支援をしてあげることです。

2 こんな時に伝えたい教師の言葉

隣の人が緊張していそうだったら,「先に言うね」と言うんだよ。

① 相手の子にアプローチしよう

ここでは,困って話せなくなっている子どもではなくて,相手の方にアプローチします。

困っている本人にアプローチすると,更に委縮させてしまったり,傷つけてしまったりしてしまいそうだという場面は少なくありません。

そういう場面では,相手の子にアプローチします。相手の子が,少し余裕がありそうな場合は,その子に相手を思いやるスキルを身につけてもらいましょう。

② 困っているときは,笑いで切り抜けよう

ところが,2人ともうまく交流できないという場合があります。そうした場合は,そもそも教師の「交流しなさい」という課題自体が難しいということが,考えられます。

そんな時は,全体に「2人とも緊張しているよというときは,2人で『困ったねえ』って言って,笑いましょう」と言葉をかけ,困っていることを共有し合うように促し,温かい雰囲気をつくりましょう。

まとめ
① 相手を思いやるスキルを身につけてもらう。
② 困っていることを共有し合う言葉かけをしよう。

④ 子どもが特定の授業に参加したがらない

子どもの苦手さに，共感する言葉かけ

場 面

　子どもが，休み時間に次のように話しかけてきました。

　「先生，次の授業なんでしたっけ？」「算数だよ」とあなた。

　「ええ，算数？　ほんと，算数とかマジムリ……次の時間，保健室行っちゃおうかな……」

　そんな時に，あなたはどんな言葉をかけますか？

1 状況解説・子どものとらえ

🌱 不安を受け止めてあげよう

　言ってはいけない言葉は，「算数は大切だよ」「そんなこと言うんじゃない」「がんばれば，もっとできるようになるよ」という言葉です。

　もちろん，この子は算数が苦手なのでしょうから，算数は好きじゃありません。しかし，この子の心の真ん中にあるのは，「サボりたい」ではなく，「算数が苦手だから，不安だよ」という気持ちです。

　この子の「保健室に言っちゃおうかな」を翻訳してみると，こんな感じになります。

　「先生，算数が苦手だから，間違えそうで怖いよ。私が間違っても，厳しく叱ったりしないでね。私は，とにかく算数の時間が怖いのよ」と，こうなります。ですから，この不安を受け止めることが，まずは大切です。

2 こんな時に伝えたい教師の言葉

> ほんと苦手な勉強は，マジムリだよね。

① 子どもの使った言葉を使おう

　まずは，不安に理解を示してあげましょう。子どもが使った言葉をそのまま使って，返してあげましょう。

　そのままの言葉を使うと，「あなたの気持ちを受け止めていますよ」というメッセージを，確かに伝えられます。

② 真意を尋ねながら，言葉を置き換えよう

　もちろん，不安を受け止めるだけではいけません。真意を尋ねて，子どもの不安を具体的にしてあげましょう。

「あてられたりしたら，どうなるの？」「頭の中がぐちゃぐちゃになるの」

「そうなんだね。混乱しちゃってどうしていいかわからなくなる感じ？」

「そうそう！」「そんな時は，どうしてもらえるといいの？」

「うーん……ヒントとかいらないから，次の人にすぐまわしてほしい」

　こうして「マジムリ」という感情を，「混乱しちゃう」という言葉に置き換えて，どんな支援が欲しいかを具体的にしていきます。

まとめ

① 子どもが使った言葉を，そのまま使って不安を受け止める。

② 言葉を置き換えながら，子どもがして欲しい支援を具体的にしていく。

⑤ 子どもが授業中に何かをいじっている

してほしいことを，間接的に伝える言葉かけ

場面

算数の時間，あなたが公式の意味を説明していると，1人の子が目に入りました。その子は，自分の出した消しゴムのカスを，丹念に丸めているのです。かなり集中して，その作業に没頭しているように見えます。そして，あなたは心の中で，「またかあ」と思います。

そんな時に，あなたはどんな言葉をかけますか？

1 状況解説・子どものとらえ

関係を壊すような指導はやめよう

教師は，つい「手を置きなさい！」と言いたくなります。あるいは，「顔をあげて聞きなさい！」とも言いたくなります。

もちろん，人とのコミュニケーションをとる方法の基礎・基本はしっかりと伝えるべきです。しかし，この場面で「手いじり」を止めたとしても，注意を受けた子どもは他のことを始めるだけで，あまり意味がありません。

また，子どもは教師に対して，反抗しようとか，授業がつまらないからやっているわけではないのです。つまり，この段階では子どもと教師の間に，関係性の問題はないわけです。それなのに，子どもへの対応によっては関係性の問題が発生してしまいます。それは，避けたいところです。

ここですべきなのは，関係を壊す強い注意や指導ではありません。

2 こんな時に伝えたい教師の言葉

それ，触っていてもいいから，話は聞けそう？

① 最も重要なことを伝えよう

　最も大切なことは，学習上の目標を達成するということです。ここでは，もちろん，公式の意味を理解するということが達成されるかどうかが，最も大切なことです。そのために教師の話を聞く必要があります。それを確認する言葉かけをすることによって，間接的に「聞いてね」というメッセージを，子どもに伝えるようにします。

② 学習が，成立しているかを確認しよう

　授業が終わったら，子どもに以下のことを更に確認します。

「無意識にしてしまっているか，どうか」

「人の話が聞けないなどの学習上の不都合があるか，ないか」

「やめられるか，ほかのことに置き換えられるかどうか。（机の中に，ストレス解消の玩具などを入れておき，時々触るなど）」

　学習が成立しているかどうかを尋ね，人が見ても違和感のない学ぶ姿になれないかを，相談して決めていきます。やめさせるのではなく，どうしていったらよいかについて，子どもの相談にのるスタンスで，話をしましょう。

```
まとめ
① 間接的にしてほしいことを，メッセージする。
② より良い姿になれるように，教師が相談にのる。
```

⑥ 子どもが授業中に寝ている

あたたかい雰囲気をつくる言葉かけ

場 面

授業中，学習内容について説明をしていると，ある子どもが机に突っ伏して寝ています。そういえばこの子は，授業への集中度も低くて，ウトウトすることも頻繁です。

あなたはどんな言葉をかけますか？

1 状況解説・子どものとらえ

🍎 厳しく注意もしないし，スルーもしないようにしよう

「大切なことを説明しているのに，寝るとは何事だ」と怒りを覚えて，つい強い口調で注意を与えたくなります。しかし，ひょっとすると体調が悪いかもしれず，そうだとしたらそれは不適切な指導になってしまいます。

一方で，「寝不足になりそうな事情が，あるかもしれないな」と配慮しすぎて，何もアプローチしない。これも，いただけません。

当該児童には，「これでいい」というメッセージを出すことになってしまいますし，周囲の児童には「先生は，誰かが寝ていても気づかない」，「先生は，寝ていても何も言わない」というメッセージになってしまいます。また，他の子どもたちの学習意欲を低くしてしまうという可能性もあります。

そうすると，「どうした？」と尋ねるのが，オーソドックスな気がします。しかし，周囲の子どもの心情に配慮して，もう一工夫が欲しいところです。

2 こんな時に伝えたい教師の言葉

体調が悪そうだけど，大丈夫かい？

① 「体調が悪い」というフレームをはめよう

ここでは，「実は体調が悪いかも」というフレームを，教師の言葉かけによって，はめてしまいます。当該児童は，本当の事情がどうあれ「先生が，心配してくれている」と感じてくれるでしょう。

一方で，周囲の子は「大丈夫かな？」と，その子を心配してくれます。休み時間になったら，「具合悪いの？」と尋ねてくれる子どもも現れるかもしれません。

この場面が，子ども同士のあたたかな関係が生まれるチャンスとなります。

② 周囲の子がどう感じるかを，考えよう

児童が，体調が悪いということを認めれば，「寝ていてもいいよ」と声をかけましょう。しかし，「いえ，眠いだけです」と答えるときもあります。

そんな時は，「何か事情がありそうだね？」と答え，あとでゆっくりと話を聞きます。

周囲の子は，「事情があるかもしれないんだな」と思い，それはそれで納得でき，寝ていることを責めることはしないはずです。

まとめ
① あたたかい雰囲気をつくる場面にする。
② 周囲の子にも納得できる状況をつくる。

⑦ 特定の子が，すぐに答えを言ってしまう

その子も，周囲の子も生かせる言葉かけ

場面

「○○は，何でしょうか？」と尋ねると，うっかり「□□！」と答えを言ってしまう子が，あなたの教室にはいます。ほかの子どもも，「ああ，言っちゃった」という反応をします。「答え，言わないで！」と強い口調で責める子もいます。

そんな時に，あなたはどんな言葉をかけますか？

1 状況解説・子どものとらえ

誰よりも意欲が高い子だと，とらえよう

「答えは，手をあげて言いましょう」と言っても，効果はありません。その子は，つい口にしてしまっていますから，気づいたときには，もう言ってしまっているのです。これを止めることは，かなり難しいことなのです。

しかし，肝心なことは，この子がどの子にも負けないくらい意欲的で，かつ授業への参加度が高いということです。

だとすれば，むしろ「答えるのを我慢してね」というのは，この子の高い意欲を否定してしまうことになってしまいます。

教師は，ついこうした子どもの行動を修正したいと考えますし，ルールをつくって何とかしようと思います。しかし，その考え自体が間違っているのかもしれません。

2　こんな時に伝えたい教師の言葉

> すばらしい！では，いまの考えが正しい理由が言える人は，いるかな？

① 発言を封じようとしない

　そもそも，こうした発言を封じた方がいいと，考えることが間違っています。

　この子が，答えを口にしてしまうことをデフォルトとして，更に成否の理由を考えるように，子どもたちに促しましょう。

　そして，「答えがわかることも，答えが正しい理由が言えることも，同じようにすばらしい」と言いましょう。

② その子の答えをきっかけにしながら，より深い学びを保障しよう

　こうした子の発言を生かしつつ，他の子にも，より深く学習に参加してもらうには，次のような言葉かけが有効です。

　「いまの考えが正しい（間違っている）理由を言える人は，いるかな？」

　「いまの考えが正しいかどうかを調べるためには，どんな方法がありそう？」

　「いまの考えの価値を，説明できる人はいるかな？」

　当該児童が，答えを言ってしまうことをデフォルトと考えた上で，その後の深い思考を促す授業展開を考えてみましょう。

　まとめ
　① 「答え」を端緒にして，深い学びへと発展させよう。
　② その子が答えを言うことをデフォルトとして，展開を考えよう。

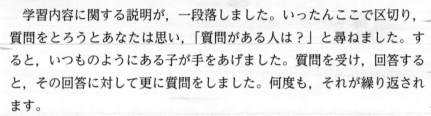

⑧ 特定の子が，立て続けに質問する

モチベーションを下げない言葉かけ

場面

　　学習内容に関する説明が，一段落しました。いったんここで区切り，質問をとろうとあなたは思い，「質問がある人は？」と尋ねました。すると，いつものようにある子が手をあげました。質問を受け，回答すると，その回答に対して更に質問をしました。何度も，それが繰り返されます。

　　そんな時に，あなたはどんな言葉をかけますか？

1　状況解説・子どものとらえ

質問するのは，意欲が高い証拠だと考えよう

　もちろん，中には的を射た質問もあるのですが，多くは教師から見ると本質からずれていってしまっている気がします。この質問に答えることに，なんの意味があるのかと思ってしまいます。

　そこで，はじめのうちは丁寧に答えているのですが，周囲の子が飽きてくることも気になり，ついイライラした対応になってしまいます。

　確かに，その子の質問はあなたから見ると，何の意味があるのだろうと思うような質問が多いかもしれません。しかし，質問をすることで，その子はなんとか授業に参加しているのではないでしょうか。

　もしも，質問を途中で遮ってしまうようなことをすれば，その子はやる気を失って，机に突っ伏してしまうかもしれません。

2 こんな時に伝えたい教師の言葉

わからないことは，何万回聞いてもいいからね。

① モチベーションを失わないようにしよう

　もしも，質問することによって，その子がなんとか授業に参加するモチベーションを保っているとしたら，少し本質からずれているとしても，質問すること自体を禁じたり，イヤな雰囲気を出したりしてはいけません。

　まずは，「何度，質問してもいいからね」ということを，伝えてあげましょう。

② 不安を払拭してあげよう

　基本的に質問するのは，何か不安があり，それを払拭したいからに違いありません。ですから，まず大切なのは安心を提供すること。「何万回質問してもいい」と伝えましょう。しかし，質問の仕方については注文を出します。

　例えば，「その場では１回までにして，説明が完全に終わった後で，すべての質問を受ける」「質問はメモしておくとよい」「友だちでもわかりそうなときは，友だちに尋ねる」のような注文です。これで，質問に受け答えしているうちに，他の子が飽きてしまうことも防げます。

> **ま と め**
> ① 「何度質問してもいいからね」と言って，安心させてあげよう。
> ② 適切な質問の仕方も，身につけてもらおう。

⑨ 子どもの聞き返しが多い

意欲を大切にする言葉かけ

場面

「教科書の○ページを開きましょう」「授業の『めあて』を写しましょう」というと，必ずある子が「何ページですか？」「何を書くんですか？」と，指示後にすぐ聞き返してきます。

そんな時に，あなたはどんな言葉をかけますか？

1 状況解説・子どものとらえ

意欲があるから，聞き返すととらえよう

こうした子がいると，「どうしてきちんと聞いていないのか？」と思い，つい教師はイライラとしてしまいます。そして，「どうして，ちゃんと聞いていないの？」「もっと集中してね」などと言ってしまいがちです。

しかし，いくら厳しくとがめようと，そうした子どもたちが1回で指示が聞けるようになることは，あまりありません。

なぜなら，そうした子は，「聞く気がない」のではなく，「聞くことが苦手」なのかもしれないからです。

理由は，大きく言うと2つあります。

1つは，記憶がとどめておけない。もう1つは，集中が保持できない。この2つです。

ですから，「聞く気がない」のではありません。聞く気がないのなら聞き返すはずはなく，むしろ意欲があるから聞き返していると言えるのです。

2 こんな時に伝えたい教師の言葉

> 聞き返すってことは，やる気があるんだよねえ。

① 聞き返しを，肯定的にとらえよう

まずは聞き返すことを，肯定的にとらえてあげましょう。もしも，「今言ったばっかりよ」なんて言ったりしたら，その子は教師に尋ねなくなります。尋ねなくなれば，結果として授業には参加できなくなってしまうでしょう。

大切なことは，授業に参加し，学習することです。

② 聞けるような環境を整えてあげよう

その上で，次のような工夫が必要です。

・その子と，目を合わせてから指示をする。

・そばで指示を出してあげる。

・「大事なことだから，1回しか言わなかったらけちだよね。3回言うよ……（笑)」と言ってから，指示をする。

・活動の手順を，端末に送って，シェアしておく。

こうした工夫によって聞けたときは，子どもと共に喜びましょう。

まとめ

① 授業に参加できることを，第一に考える。

② 環境調整をして，「聞けた！」を実現しよう。

・日本版 PRIM 作成委員会編，榊原洋一，佐藤曉（2014）『発達障害のある子のサポートブック』学研教育出版

子どもがグループ学習に参加できない

その子の「今」を認める言葉かけ

場面

　グループ学習に参加できていない子がいます。普段から，人とコミュニケーションをとることが，得意ではありません。アイランド形態にした４人グループの一角に座ってはいるのですが，ずっと話をしないでいます。

　周囲は，色々と意見を言うように促してくれているのですが……。

　そんな時に，あなたはどんな言葉をかけますか？

1 状況解説・子どものとらえ

すでに十分がんばっているのだととらえよう

　この子を，何とかしてグループ活動に参加させたいと思います。コミュニケーションが苦手だから，グループメンバーにも配慮しました。

　「今は，○○をするみたいだよ」「○○さんは，□□って聞いているよ」のようにやり取りのお手伝いもしてみます。

　ところが，なかなか効果が上がりません。その子は，無表情で座っているだけです。

　こうしたとき，教師は様々な支援をしようと思いますが，実はそのこと自体が，子どもにとってプレッシャーになっている可能性もあります。

　もしも，その子がうまく自分の気持ちを伝えられるとしたら，「先生，もう精一杯，がんばっているよう！」と，伝えたいのかもしれません。

2 こんな時に伝えたい教師の言葉

> よく頑張っているね。苦しくなったら，いつでも抜けていいからね。

① グループ活動の場にいることを認めよう

　グループに交じって座っているだけで，十分がんばっているのだということを，認めてあげるフィードバックをしてあげましょう。

　本来，各々の子どもにとって，その時間の課題レベルは様々です。その子にとっては，そこにいることが，今のところの最高のがんばりかもしれません。

② 今の活動の振り返りをしよう

　活動の後に，当該児童を呼び，まずは，「よくがんばっていたね」と伝えます。その上で，「今のグループ活動は，最高が『10』だとしたら，満足度はどれくらいなの？」と尋ねましょう。

　その数字が高ければ，もう少し今の状態を続けることを提案します。かなりのプレッシャーと戦って，グループ活動の場にいると想像できるからです。

　もしも，数字が低ければ，「次のグループ活動の時，自分がどうなっていれば，もう少し数字が上がりそう？」と尋ねます。こうして，次のめあてを相談しながら決めていきます。

まとめ

① その子の今のがんばりを認める。

② 振り返りをして，次のめあてを決めよう。

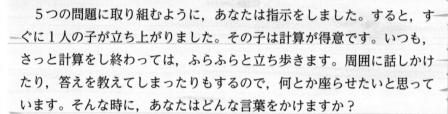

11 子どもが授業中に立ち歩く

注意しなくても，席に戻れる言葉かけ

場　面

　　5つの問題に取り組むように，あなたは指示をしました。すると，すぐに1人の子が立ち上がりました。その子は計算が得意です。いつも，さっと計算をし終わっては，ふらふらと立ち歩きます。周囲に話しかけたり，答えを教えてしまったりもするので，何とか座らせたいと思っています。そんな時に，あなたはどんな言葉をかけますか？

 1　状況解説・子どものとらえ

前向きな姿勢を評価してあげよう

　まず，この子は悪い子ではありません。あなたの出した問題に誰よりも早く取り掛かり，終えてしまったのですから，最もあなたの指示通りに学習を進めたと言ってよいでしょう。

　また，立ち歩くことについても，周囲に迷惑をかけようとは思ってはいないでしょう。現在，自分に課せられたタスクがないから，立ち歩いているだけです。

　また，答えを教えてしまうところを見ると，問題の解き方がわからない友だちにアドバイスをしたいという気持ちがあるようにも，解釈できます。

　そうであるならば，ネガティブなとらえ方ではなく，この子の前向きな姿勢を，ぜひ評価してあげたいところです。

2 こんな時に伝えたい教師の言葉

（ノートに○をしながら）おお，すごい！　どうやって解いたのか教えて。

① 課題に取り組んだことを認めてあげよう

立ち歩いていることを注意する前に，まずは課題に取り組んだことを認めてあげましょう。

あなたが，その子の机のところで丸つけをして，「どうやって解いたの？」と尋ねれば，その子を注意しなくても，机のところに戻って来てくれるはずです。

② 次の課題を提供する

次に，じっくりとその子の解き方に耳を傾けましょう。そうした上で，他の子の丸つけや，「教えてほしい」とお願いしてきた人に限って，アドバイスしてよいことを伝えます。つまり，次の課題を設定するわけです。

ただし，こうした「アドバイスする—アドバイスされる」という活動を過度に繰り返すと，子どもたちのヒエラルキーを固定したものにしてしまうこともあります。そこで，次の時間からは「自分にとって，何問くらいが適切な問題数なのか」を尋ねて，問題を解く負荷の具合を調整するようにします。

まとめ
① 注意せずに，席に戻るように言葉をかける。
② 次の時間からの課題を相談して決める。

⑫ 子どもが授業中教室から出て行ってしまう

「できない」苦しさに寄り添う言葉かけ

場 面

　作文を書く国語科の授業中，あなたが作文に関する指示をして，2分ほどすると，ある子がふらっと教室を出て行ってしまいました。これまでも苦手な学習のときには，教室から出て行ってしまうことがあった，その子。そんな時に，あなたはどんな言葉をかけますか？

1 状況解説・子どものとらえ

🌸 人と関わることの快さを感じてもらおう

　今日の学習は作文。自分が一番苦手な学習。何とか，今日は少しでも書きたいなあ。先生が，今日書くことについて説明を始めた。ちょっと，わからないところがあるぞ。あ，みんながニコニコして，鉛筆をもって，シャカシャカと音を立てながら，書きはじめたぞ。私も……，私は……。

　さて，こんな気持ちで，今，あなたが教室から出て来たと想像してみてください。

　あなたは，先生になんて声をかけてもらいたいですか。

　叱責？　とんでもないですよねえ。作文を書くためのアドバイスでしょうか？　耳に入る状態ではありませんね。

　書き方さえわかれば，この子は教室に戻ってくるはず。こう思うのは，教師の常です。でも，今欲しいのは，アドバイスではないはずです。

2　こんな時に伝えたい教師の言葉

> 苦しかったよねえ。まずは，椅子に座って，休んでいて。

① 苦しさに寄り添う

　この子は，暴れたり，暴言を吐いたりはしませんでしたが，心の中は静かなパニック状態にあるはずです。まず，その苦しさに寄り添いましょう。

　また，教師としては，目の届かないところに行ってしまうことも，心配なところですので，廊下に椅子を置いて，座って休むことを提案しましょう。

② その子に合った支援を考える

　その時間は，時々廊下の様子をのぞいたり，目を合わせてほほ笑んだりして，教室に戻るように促すことはしません。心の回復には，十分な時間が必要です。

　その上で，子どもが落ち着いたら，次時からの支援を相談します。

・穴埋め作文シートを用意する。

・書き出しだけ示されているワークシートを用意する。

・鉛筆ではなく，パソコンを使って書いてみる。

・周囲の音が気にならないように耳栓を使用する。　など

こんな支援があったら作文できそうだという方法を相談して決めます。

まとめ

① タイムアウトすることを認め，安全も確保する。

② その子が，「できそうかも」と思えるような支援を用意する。

⑬ 指示されたことをしようとしない

「取り組んだ方が損をしない」と思うようになる言葉かけ

場面

　学習のまとめを書くように，あなたは指示しました。多くの子どもたちが書いては提出していきます。ところが，1人，まったく書こうとしない子がいます。何度か，全員に声をかけました。「○○くん，大丈夫？　書けそう？」とも声をかけましたが，一向にその子は書こうとしません。

　そんな時に，あなたはどんな言葉をかけますか？

1 状況解説・子どものとらえ

🍎 自分から書く気になる言葉かけ

　まず，その子が取り組もうと思えば，取り組める子だということが，前提です。その上で，ちょっとその日は調子が悪くて，「サボりたいなあ」，「面倒だなあ」と思っているということです。

　年度初めなら，「先生を，試してやろう」などという気持ちもあるかもしれません。

　こうした子どもとは，真っ向からできるだけぶつからない方がいいでしょう。あまり厳しく追い詰めると，「なんで，そんなもの書かなきゃいけないんだよ」と，思わぬ反撃にあうこともあります。

　できれば注意をせずに，仕方なくでも自分で書いてくれるような言葉かけをしたいものです。

2 こんな時に伝えたい教師の言葉

（残り２分になったところで）終わった人から，早いけど休み時間ね。

1 ちょっぴり損をすることを伝えよう

真っ向から子どもと対立すれば，お互いにイヤな感情が残るだけです。そこで，特に年度初めには，「ちょっぴり損をさせる」という方法を試してみます。

この例の場合だと，自分がもたもたすればするほど，休み時間が短くなります。それなら，学習のまとめを早く書いてしまった方がすっきりするし，休み時間は長くなるわけですから，早く提出した方が得と子どもは判断します。

2 出て行こうとしたら，必ず止めよう

それでも，こっそり教室を出て行こうとしたら，必ず静止します。

その子には，「この振り返りはねえ，あなたが困っているところやわからないことを，先生が知るためのもので，とても大切なんです」と，柔らかな表情で語ります。

そして，「もし，今書けないようなら，放課後でもいいんだけど……」と，更に大きな損をする条件を示します。

ま と め

① ちょっぴり損な条件を示し，「やろう」と判断してもらう。

② 「大きな損」も示し，今取り組んだ方がよいと，判断してもらう。

子どもが他の子の学習を邪魔する

魅力的なミッションを提供する言葉かけ

場面

　図工の時間，自分の作品づくりが終わってしまったある子。その子は，活動を終えた子用に提供した課題に興味が持てませんでした。まだ，作品ができていない子のハサミを取り上げて，持って行ってしまったり，材料を切り始めたりしています。そんな時に，あなたはどんな言葉をかけますか？

1　状況解説・子どものとらえ

子どもを悪者にしない

　こうした時，「人の邪魔をするんじゃありません」「座って，先生が指示した課題をしなさい」と，教師はつい言ってしまいがちです。そして，一時は収まるのですが，今度は違う子の活動を違う方法で邪魔したりして，状況は変わりません。

　更に，それを見ている他の子がいることも，ここでは気がかりです。「先生が何度注意しても，あの子は言うことを聞かない悪い子」というラベルが，「不適切」な行動をとっている子に，貼られることになってしまいます。

　あわせて，「言うことを聞かせられない，頼りない先生」という教師への印象も決定づけられてしまいます。

　これは，「不適切」な行動をとってしまっている子を悪者にせず，また教師の権威も保たなければならないむずかしい場面です。

2 こんな時に伝えたい教師の言葉

○○さん，先生のこと，助けてほしいんだけど。

① その子の使命感を刺激しよう

「その子」は，実は悪いことをしようとしているわけではありません。自分の作品づくりが終わったので，することがなくなっただけです。その上，興味を持てる課題も提供されていないわけです。

そんな時，「先生を助ける！」というミッションは，とても魅力的なはずです。

② その子への感謝と，周囲へのフォローをしよう

こうして「先生のため」に何かをしてもらったら，小さい声で大げさに感謝を伝えます。小さな声で伝えるのは，さっきまで迷惑をかけられていた子どもたちへの配慮です。

「あの子，迷惑かけていたのに，先生に褒められていいなあ」と思われては，バランスが悪いのです。

また，さっきまで迷惑をかけられていた子どもたちへのフォローも忘れてはいけません。「よく，怒らないで我慢してくれたね。イヤだったよね」と伝えます。

> ### まとめ
> ① 別の魅力的な課題を提供する。
> ② 迷惑をかけられた子へのフォローもする。

⑮ 授業中に関係のないサイトを見ている

自分の行動をコントロールすることを促す言葉かけ

場面

　総合的な学習の時間，環境問題の種類について調べる課題に子どもたちは取り組んでいます。そんなとき，1人の子が学習に関係のないサイトを開いて，閲覧しています。

　そんな時に，あなたはどんな言葉をかけますか？

1 状況解説・子どものとらえ

🍎 自分の状態を分析できるようにしよう

　こうした場面では毅然とした対応が必要だという考え方は，理解はできます。しかし，最も大切なことは，この子が自分の行動をコントロールできる学習者になれるかどうかです。

　コントロールする前提として，自分の状態をよく理解している必要があります。

　そのサイトを見てしまうことは，よくないことはわかりますが，それをその子が見るに至った経緯はどのようなものだったのでしょうか。

　それを子ども自身が自覚できないと，次に同じ状況になったときに，関係のないサイトを開いてしまうことは，避けられないのではないでしょうか。

　ここでは，子ども自身に自分の行動を分析できるように，働きかける言葉かけができるとよいでしょう。

2 こんな時に伝えたい教師の言葉

> そのサイトを見る前は，何をしていたの？

---

① 行動を振り返られるようにしよう

　こう問われれば，子どもは「ええと，この砂漠化の動画を見ていたんですけど……」のように答えるはずです。

　そこで，「ありがとう。教えてくれて。それで，どうなったの？」と尋ねます。すると，子どもは，「そうしたら，おすすめのページが……」のように，自分の行動を振り返り，語り始めます。

② 教師自身も振り返ろう

　子どもの話を聞きながら，教師は自分のことを振り返ってみましょう。「仕事をしているとき，同じことがある！」と思えると幸運です。そして，「先生もそういうこと，あるわあ！」と本心から言えたら，最高です。

　「そういう時は，何分くらいで戻れそう？」と尋ねます。「できるだけ，3分で戻れるようにします」と子どもが答えたら，「じゃあ，戻れていなかったら，また声をかけるね」と言います。

　こうして，自分の行動をコントロールしようとする構えを，子どもがつくれるようにサポートします。

まとめ

① 行動を語ることで，振り返りのきっかけをつくる。
② 自分で，自分の行動をコントロールしようとする構えを，つくれるように支援する。

---

⑯ 授業中にチャットをしている

パソコンの適切な使い方に気づかせる言葉かけ

場　面

　社会科の授業中，あなたが発問しました。子どもたちは，一斉に教科書や資料集などをめくりながら，考えています。その時，ある子が「先生，○○さんが誰かとチャットをしているみたいなんですけど……」と，あなたに訴えてきました。

　そんな時に，あなたはどんな言葉をかけますか？

1 状況解説・子どものとらえ

目的の確認を優先しよう

　一番大切なことは，何のためにチャットを使っているかということです。「授業中だから」，「みんなは，教科書や資料集などの紙媒体を使って，調べているから」という理由だけで，簡単に禁じてはいけません。

　その子にとっては，学習上必要な行為だったかもしれません。

　例えば，教師の発問が理解しにくいものであった，あるいは自分の考えに自信が持てないから，他の人の考えを聞きたかったなど。本時の目標を達成するために必要なことであれば，様々な方法を，子どもたちに認めてあげましょう。

　そのためには，何のためにチャットをしていたかということを，まずは確認する必要があります。

2 こんな時に伝えたい教師の言葉

> どんなことを話しているか，聞いてみてくれる？

① すぐ禁止にしないようにしよう

　訴えてきている子に，「チャットをしていることは悪いことだから，すぐ禁止するというわけではない」というメッセージを送ります。

　一人一台の端末を持っている以上，重要なのは「何のために使うのか？」「どう使うのか？」という利用目的と利用の仕方です。

② 効果的な使い方なら評価しよう

　その子が直接尋ねることを嫌がるようだったら，「先生が，聞いてもいいかい？」と尋ねて，「チャットは，どんなことに使っているの？」と，チャットをしている子どもたちに直接尋ねます。

　もちろん，学習目標到達のために使っていると判断できる場合は，「それは，よい使い方を見つけたね」と返し，全体にもそれを話します。

　ただし，授業中のチャットの使い方について，「こんなことが起きたら困りそう」ということがあったら，その場で子どもたちに出してもらい，予防策も考えてもらいます。使い方のルールを，自分たちで決めてもらうのです。

　自分たちが使うものの使い方は，自分たちで考えて決めることは，これからの子どもたちに獲得してほしい力です。

まとめ

① 実質的な効能があるかどうかで，禁止かどうかを決めよう。

② 学習のルールを，自分たちで決められるように促そう。

専科の先生の授業が荒れているようだ

改善したい気持ちを引き出す言葉かけ

場 面

　ある時，専科を担当している教師から，「先生のクラスなんですが，落ち着かない様子で，ちょっと授業がやりにくいのですが……」と，相談を受けました。あなたは，詫びの言葉を口にしたあと，「指導しておきます」と約束をしました。あなたは，子どもたちにどんな言葉をかけますか？

 ## 1 状況解説・子どものとらえ

専科の先生が悪者にならないようにしよう

「自分の授業のときには，そんなことはないのになあ」

「ひょっとすると，専科の先生の授業の仕方が悪いのかもしれないなあ」

　こんな思いが，あなたの頭をめぐるかもしれません。しかし，それを専科の教師に言ったところで，何の解決にもなりません。子どもたちの状況がすぐによくなるわけでもありません。

　一方で，子どもたちに直接「○○先生の授業の時に，態度が悪いそうだけど……」などというのは，最悪です。

　専科の先生があなたに苦情を入れたことは，明らかです。

　子どもたちは，その専科の先生のことをイヤになって，ますます授業に向かう姿勢が良くないものになるに違いがありません。

　まずは，あなたが授業参観し，その上で子どもたちに話をしてみましょう。

2 こんな時に伝えたい教師の言葉

心配していることがあるんだけど，みんな，勉強しやすいのかな？

① 「態度が悪い」と断定しない

　授業を参観した後，このように切り出してみましょう。「態度が悪い」と決めつけるのではなく，「私は心配しているから，みんなの率直な気持ちを聞かせて」というトーンで話して，子どもの反応を待ってみましょう。

　きっと，子どもたちなりの「こう改善したい」を話してくれるはずです。

② 子どもたちから改善策を引き出そう

「もう少し，みんなきちんと先生の話を聞いたほうがいいと思います」

「プリントを無くしてしまうような人も多いから，無くさないようにした方がいい」

　こんな意見が聞かれるはずです。

　そして，最後は「もしも，きみたちが『学びづらいなあ』と思っているとしたら，それは，○○先生には『教えづらいなあ』と感じさせているんだと思います。教えたいことも，教えにくいから教えないことになってしまうと，一番損をするのはきみたちだよね。これは，先生からのお願いです。みんなで，みんなが得するようなクラスにしていかないかい？」と語ります。

まとめ
① 「心配しているよ」というメッセージを送ろう。
② 「損をしないようなクラスにしよう」と呼びかける。

⑱ 子どもが「総合のプレゼンをしたくない」と言う

周囲への仲間意識を芽生えさせる言葉かけ

場面

　総合的な学習の時間，地域の特産物について調べ，いよいよそれを保護者にプレゼンする準備が始まりました。そんなときに，一人の子がじっとして動きません。あなたが，「どうしたの？」と尋ねると，「発表できない」と言います。「人前で話すのは，怖い？」と尋ねると，小さく頷きます。

　そんな時に，あなたはどんな言葉をかけますか？

1 状況解説・子どものとらえ

🌱 目標に立ち返って，発表方法を探そう

　こうしたとき，教師は「でも，発表をする力をつけるお勉強だから」とか，「みんな発表するから，あなただけ特別というわけには」「保護者が見に来た時，寂しい気持ちになるよ」などと言ってしまいがちです。

　しかし，本当にそうでしょうか。この総合的な学習の時間の目標には，単に「相手に応じてわかりやすくまとめ，表現することができる。」とだけ書いてあります。

　そうであれば，別に口頭でのプレゼンテーションにこだわる必要はありません。

　一方で，他の子どもたちはプレゼンテーションをするわけですから，納得してもらえるような説明が必要となります。

2 こんな時に伝えたい教師の言葉

> 相談にのってほしいんだけど，○○さんが口で発表するのが，どうしても苦手なんだって。何か，いいアイディアはないかな？

① 他の子どもたちの力を借りてみよう

　他の子どもたちに，力を貸してもらいましょう。そうすれば，他のアイディアが見つかるはずです。かつ，周囲の子どもたちが自分たちで出したアイディアですから，「○○さんだけ，ずるい」という気持ちにもならないはずです。

② 子どもたちの使命感を引き出そう

　子どもたちは柔軟な発想をします。

　「漫画にして，読んでもらえばいいんじゃない？」「台本をつくってくれれば，私が読んであげる」というような意見が出ます。

　本来持っている，子どもたちのやさしさが引き出され，「○○さんだけ，ずるい」ではなく，何とかして「○○さんにも，発表に参加してもらいたい」という使命感が生まれてきます。

　つまり，この場面が，学級としてのまとまりや，○○さんへの仲間意識を生む場面になるのです。

まとめ
① アイディアを募ることで，不公平感を生まない。
② アイディアを募ることで，仲間意識を生む場面に転換する。

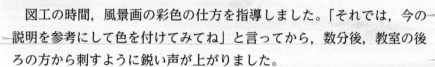

19 学習がうまく進まず，子どもがキレた

がんばろうとしていたことを認める言葉かけ

場面

　図工の時間，風景画の彩色の仕方を指導しました。「それでは，今の説明を参考にして色を付けてみてね」と言ってから，数分後，教室の後ろの方から刺すように鋭い声が上がりました。

「先生の言うとおりにしたから，失敗しちゃったよ！」

　そんな時に，あなたはどんな言葉をかけますか？

1 状況解説・子どものとらえ

怒りや不安の感情で，対処しないようにしよう

　こう言われて，腹立たしさを覚えない教師はいないでしょう。また，一度でも荒れた学級の担任を経験した教師なら，かなり不安にもなるはずです。

　この発言がもとで，子どもたちが自分の指導を受け入れなくなるのではないかと思うからです。そうした感情がわき起こってくると，教師は「何とかして，この子に負けないようにしなければ」と思ってしまいます。「どういう意味で言っているの！」「人のせいにするんじゃありません。あなたの絵の失敗は，あなたの責任でしょう！」などと言いたくなります。

　しかし，ここで感情的になって，子どもと対立するのは得策ではありません。その子との関係が悪化するだけではなく，周囲の子も「先生，そんなに感情的にならなくても……」と不信感を募らせます。

2 こんな時に伝えたい教師の言葉

> そうかあ，いい絵にしたかったんだよなあ。

① 子どもの言葉を意訳しよう

　子どもが言った言葉の真意を考えてみましょう。「先生の言うとおりにしたから，失敗しちゃったよ！」ということは，教師の指示をよく聞き，うまく彩色をしようと，そこまでのところはすごく頑張っていたということでしょう。つまりは，「自分はいい絵を描こうとがんばっていたんだよ！」ということです。それを，理解していることを伝えることが第一段階です。

② 落ち着く時間を提供しよう

　あとは，基本的には待つだけにします。あなた自身の怒りが収まらない場合は，一度廊下に出るのもよいでしょう。

　その子は，自分の目の前にある結果に対して，納得ができなかったのです。それを自分なりに収めるために，今回は教師のせいにするという方法をとってしまったわけです。

　もちろん，それは正しい方法ではありません。しかし，今それを言っても逆効果です。その子は，自分なりに状況を変えようとしている最中なのです。落ち着いたら，「さっきの言葉，先生，イヤだったなあ」とゆったり話すようにしましょう。

> **ま・と・め**
> ① がんばろうとしていたことを，認める言葉かけをしよう。
> ② 落ち着いたら，ゆったりと「指導」しよう。

㉟ 子どもたちが，学習に面白さを感じていない

子どもの正義感を高める言葉かけ

場 面

　月曜日の1時間目。教室は，何となくどんよりした空気。

　あなたは，この時間の重要な発問をします。「警察官のお仕事には，どんなものがあるのでしょうか」と。ところが，どうも反応が良くありません。

　そんな時に，あなたはどんな言葉をかけますか？

1　状況解説・子どものとらえ

「やる気を出そう」というのは，やめよう

　教師には，正義感の強い人が多いです。

　こうした場面で，「いくら月曜日の1時間目とはいえ，この状況はあまりにひどい」と思い，「もっとやる気を持って，勉強しなくちゃいけないよ」と，言ってしまいがちです。

　ところが，こう言えば言うほど子どもたちのテンションは下がっていきます。それに，「やる気を出せ」と言われて出した「やる気」は，本当のやる気ではありません。

　こうした場面では，説教じみたことは逆効果です。教師は，何か工夫をすべきです。もちろん，いまさら関心を高めるような教材を用意することはできません。そこで，言葉の力で状況を打開しようと思います。

2 こんな時に伝えたい教師の言葉

> 警察官は，楽だよねえ。だってさ，事件や事故が起きたときだけ働けばいいんだから。先生も，先生じゃなくて警察官になればよかったよ。

① 言葉の「劇薬」を使ってみよう

　ここでは，「劇薬」を使ってみようと思います。言葉の「劇薬」とは，普通に間違っているというレベルをはるかに超えて，子どもたちが「怒り」を覚えるほどに，倫理的（とは言っても，不適切な表現はダメ）にも，道理的にも間違っていることを，子どもたちに言ってみるのです。

② 正義感からの反論を引き出そう

　「警察官は，楽だ」と言われた子どもたちは，どう反応するでしょうか。

　「そんなことない！　道案内もしてくれる」「交通事故が，起きないようにパトロールとかもしているよ！」というように，正義感をもって反論をしてくることでしょう。こうなってくると，教室の空気は熱気を帯びてきます。

　教師は，「そうかなあ，パトロールは気分次第でしていると思うなあ」と，更に子どもの正義感がわきたつような対応をします。

ま と め

① わざと間違えて意見を引き出そう。
② 正義感がわきたつような更なる言葉かけをする。

参考文献

・山田洋一（2010）『発問・説明・指示を超える　対話術』さくら社

21

子どもが教室に入らない

気持ちを理解しようとする言葉かけ

場面

子どもが，教室に入りません。

「ダルイ」とつぶやきながら，やる気がなさそうに廊下でだらだらしています。最後には，廊下の床に寝そべってしまいました。

他の子のことも気になります。チャイムはとうになっているし，授業準備をして座っているのです。そんな時に，あなたはどんな言葉をかけますか？

1 状況解説・子どものとらえ

「本当は学びたがっている」と考えよう

この子が，こんなふうに教室に入らないのは初めてではありません。今までも，やる気がないように見えていたし，理屈をこねては授業をさぼっていました。私たちは，こうした子どもをつい「やる気がない子」ととらえ，鍛えなおさなくてはいけないと思ってしまいます。

しかし，本来，条件さえ整えば子どもは学ぶものだと考えたら，どうでしょうか。この子には学べない理由があり，それさえ取り除ければ自分から教室に入ることができる。そう信じてみるのです。すると，子どもにとっても私たちにとっても，必要な情報は，この子にとって何が教室に入ることのバリアになっているのかということです。

② こんな時に伝えたい教師の言葉

> 教室に入らないんじゃなくて，入れないんだよね。

① 「気持ちをわかってほしい」をかなえよう

子どもは思っています。「本当は勉強したい」「うまくできないと叱られそう。馬鹿にされそう」と。そんなときに，「早く入って」「きみだけ特別じゃないのよ」なんて，声をかけられたらどうでしょう。気持ちをわかってくれない先生のいる教室が，ますます怖くなります。

まずは，「単に『サボりたい』わけではないと理解している」ということが伝わるような言葉を，ここではかけましょう。

② たっぷり聞いてあげよう

言葉かけをしたら，休み時間になってからでいいので，ゆっくり子どもの声に耳を傾けましょう。解決しようとしたり，なにかをさせようとしたりしなくてよいのです。

もしもそんなことをしたら，育つのは教師の問題解決能力で，子ども自身のそれではなくなってしまいます。まずは，話をきちんと聞いてもらえそうだということを，子どもに感じてもらいましょう。

そうして勇気づけられた子どもは，次の時間に，何かちがったアクションを起こしてくれるはずです。

まとめ
① 「気持ちをわかってくれているかも」と，思える言葉かけをする。
② たっぷり聞いて，子どもの安心を引き出す。

22

子どもが大きな声でおしゃべりをしている

声の大きさの基準を示す言葉かけ

場面

図工科の時間，多くの子どもたちは作品づくりに没頭しています。ところが，2人の子どもたちが，自分たちの作品について大きな声で話し始めました。

「この卵の中から，怪獣が生まれるんだ！」

「ぼくなんか，中から，たくさんおもちゃが飛び出すんだよ！」

時々，大きな笑い声も混じっています。

そんな時に，あなたはどんな言葉をかけますか？

1 状況解説・子どものとらえ

意欲を失わせない言葉かけをしよう

低学年の担任をしていると，こうした場面によく出会います。

もちろん，2人は授業を妨害しようとか，他の子どもたちの学習の邪魔をしようなどとは考えていません。

むしろ，作品づくりにおいては想像を膨らませるために必要な交流とも言えます。

ですから，まずしてはいけないのは「静かにしなさい」という言葉かけです。そうした言葉かけでは，活動そのものへの意欲を失いかねません。

しかし，低学年とはいえ，授業中の適切な声の大きさについて，自分で自分たちの声の大きさについて，気づけるような言葉かけをしたいところです。

2 こんな時に伝えたい教師の言葉

今，2人の声は，10のうちの8の大きさまで来ているよ。

---

① 声の大きさを見えるようにしてあげよう

できるだけ穏やかな表情で，こう言葉かけをしましょう。

あわせてメーターを見せます。あらかじめ作ったものでもよいですし，その場で黒板に書いてもかまいません。「1〜4」が青，「5〜8」が黄，「9・10」が赤のように色で区別されていると，わかりやすく声の大きさについて自覚を促せます。

② 声の大きさをコントロールできるように促そう

大切なのは，静かにさせることではありません。声の大きさについて，自分たちでコントロールする力をつけてあげることです。

ですから，このメーターを示すときにも，何を表しているのかを丁寧に説明します。

その上で，周囲の子どもたちにも「みんなで声を掛け合って，『赤』にならないように教えてあげようね」と話し，みんなで静かな状態をつくる意識を高めましょう。

ま と め

① 声の大きさの基準を明確に示す。

② クラスみんなで静かな状態をつくるように促す。

何も伝わっていないわけではない

　どんなことを言っても，どうにも伝わらないという子どもがいました。

　その子は，小さい頃から難しい家庭状況の中で育ってきた子でした。

　私は，その子になんとか生活の光のようなものを感じてもらいたいと思っていました。

　そこで，とにかく少しでも上手にできたこと，いえ上手にできなくても，「少しでもやろうとしたこと」には，ポジティブなフィードバックをしました。

　ところが，「おお，うまいじゃないか」などと声をかけると，「うるせえ」などという反応が返ってきました。

　友だちに，陰でやさしくしていることを知ると，「○○のそういうとこ好きだなあ」と言うと，「きもいんだよ」などと，返してきました。

　その子とは，１年間，そうしたコミュニケーションしか取れませんでした。

　率直に言うと，「何もしてあげられなかった」という思いのまま，その子は，卒業していきました。

　ところが，職員玄関を出て帰ろうとした４年後のある夕暮れ，その子とよく似た子が，学校の前に立っていました。

　「先生，覚えてますか？　そこのコンビニでバイトしてるんで今度来てください」

　そう言ったのは，あの子，でした。

　その時，目に見えなくても，ひょっとしたらかけた言葉の内の何かが子どもの中に残っていてくれていたのかもしれないと思ったものでした。

第4章

保護者とともに
子どもを支える
言葉かけ

学校への強い要求を持っている保護者

「なんでも話していい」と思ってもらう言葉かけ

場面

「あの保護者は，たいへんだ」と，職員室で話題になることが多いある保護者。ことあるごとに，学校への不満や強い要求をしてくるといいます。そんな保護者と，はじめての個人面談です。

そんな時に，あなたはどんな言葉をかけますか？

① 状況解説・保護者のとらえ

まずは理由を確かめよう

「強いクレームを言ってくる保護者」を単純にひとくくりにすることは，できません。中には，医療のケアを受けている保護者もいて，その保護者の話を長時間聞くことは，教師にとってもかなり厳しいことです。そうしたときは，管理職などの同席を許可してもらい，複数で話を聞くことも一つの選択肢です。

しかし，職員室で言われる「強いクレームを言ってくる保護者」の多くは，自分の真意をくみ取ってくれる職員と今まで出会えずに，強いクレームを言わなくてはいけない状況になってしまった方です。

そうした方々への対応として，最も大切なことは，「話をしっかりと聞く」ということにつきます。また，そうした保護者が望むことは，状況を変えてほしいという前に，とにかく話を聞いてほしいということが多いです。

2 こんな時に伝えたい教師の言葉

> 今日は，教師としてではなくて，人としてお母さん（お父さん）のお話をうかがいたいです。ですから，なんでもおっしゃってください。

① 「なんでも話してもいい」と，まずは安心を提供しよう

面談の冒頭に，こう話します。「なんでも」というのは，自分への批判もあるでしょうし，前年度の担任や管理職への不満なども含みます。

それらを，すべて聞くことを宣言します。

これは，相手への宣言でもありますし，何でも聞くという自分の覚悟を決める言葉でもあります。

② 否定せずに，聞き続ける

どんな話が，保護者の口から出てきても，絶対に話を遮ったり，反論したりはしません。教師自身も，その時間は教師としてではなく，人として話を聞きます。

共感できるときには，「私が親の立場でも，同じように思います」と応じます。また，共感や納得ができない場合も，「なるほど，○○○○というお気持ちだったんですねえ」と，ひたすら聞き続けます。

「今日は，たくさん聞いてもらえた」と思ってもらえたら，面談は成功です。

まとめ

① なんでも聞く覚悟をもって面談する。

② 「今日は，たくさん聞いてもらえた」と思ってもらえる面談にする。

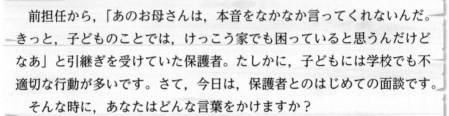

❷ 本音を語ってくれない保護者

子どもをほめ続け，信頼してもらう言葉かけ

場面

　前担任から，「あのお母さんは，本音をなかなか言ってくれないんだ。きっと，子どものことでは，けっこう家でも困っていると思うんだけどなあ」と引継ぎを受けていた保護者。たしかに，子どもには学校でも不適切な行動が多いです。さて，今日は，保護者とのはじめての面談です。

　そんな時に，あなたはどんな言葉をかけますか？

 1 状況解説・保護者のとらえ

🍎 子どもを愛しているからこそその行動だと理解しよう

　保護者が，教師に本音を言ってくれない第一の原因，それは教師を信用していないということにつきます。

　例えば，「自分が困っている」と教師に言ってしまうと，すぐに「支援学級を，すすめられるのではないか」「検査などを，すすめられるのではないか」などと，保護者は疑心暗鬼になっているのです。

　保護者の望みを抑え込む形で，このようなことをすすめられた経験がある場合は，保護者の態度を軟化させることは，かなり難しいでしょう。

　ただ，保護者は子どものことに無関心なわけではなく，もちろん愛していないわけでもありません。むしろ，人一倍愛しているからこその防衛行動と言えます。まずは，その気持ちを理解してあげましょう。

2 こんな時に伝えたい教師の言葉

（相手が座るか座らないかの内に）いやあ，○○さん，素晴らしいですよ！

① 子どものよいところを伝え続けよう

こう切り出し，面談の日までにためておいた児童のよいところを，たて続けにどんどん話します。

保護者は驚いて，数々のよいところを否定するかもしれませんが，それにめげずに「本当に，いいところたくさんあるんですよ」と話し続けます。

② 課題は言わないようにしよう

こう話したあとが肝心です。決して，「ただ，こういうところがよくなれば，なおいっそう……」と話したくなりますが，それはしません。

そう言われれば，保護者は「ああ，これが一番伝えたいことで，前段はお世辞だったんだな」と思います。ですから，「私からは以上です。ほかに何かありますか？」と，話を終えてしまいます。信頼を得るためには，更に数回電話をしてよい点を伝え続け，保護者からの相談を待ちます。

保護者に，本音を話してもらいたければ，「この先生になら，話しても大丈夫」と信用される教師になる以外ないのです。

ま と め

① 子どものよいところを伝え続け，信頼を得る。

② 電話でも数回ほめ続け，あとは待つ。

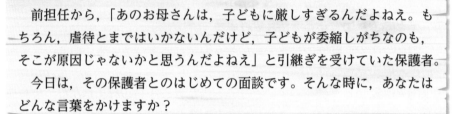

③ 子どもに厳しすぎる保護者

しつけの効力感を高める言葉かけ

場面

　前担任から，「あのお母さんは，子どもに厳しすぎるんだよねえ。もちろん，虐待とまではいかないんだけど，子どもが委縮しがちなのも，そこが原因じゃないかと思うんだよねえ」と引継ぎを受けていた保護者。

　今日は，その保護者とのはじめての面談です。そんな時に，あなたはどんな言葉をかけますか？

 1 **状況解説・保護者のとらえ**

保護者は不安なのだと理解しよう

　保護者が，子どもに厳しくするのは，多くの場合「子どもをしっかり育てたい」「この子が，どこにいっても恥ずかしい目に合わないようにしてあげたい」という愛情からのことです。

　そうした保護者は，確固たる信念をもって子育てをしていることが多いです。

　子どもの育ち方には，当然のことながら敏感です。一方で，不安が強いという傾向もあります。

　こうした保護者に，「もっと子どもを認めてあげてください」，「信頼してあげてください」と，教師の側から言うことは得策ではありません。そう言われても，保護者の不安は消えないことが多いのです。

2　こんな時に伝えたい教師の言葉

> どのように育てたら，あんなにしっかりした子に育つのですか？

① 保護者から学ぶつもりで接するようにしよう

　保護者がしている子育てについて知らないのに，ただ単に子どもをほめても真実味がありません。保護者の不安は，自分の子育て方法が間違っていないか，どうかなのです。まずは，保護者から学ぶ姿勢を持って，子育てについて尋ねてみましょう。

② 子育ての効果を伝えよう

　保護者が，色々な話をしてくれるようだったら，「そうなんですねえ」「そういう接し方や言い方をすればいいのですねえ」と相槌を打ちます。

　その上で，「お母さん（お父さん）の接し方が，○○さんの人柄や行動に現れているのですねえ」と，伝えます。

　そして，具体的な場面も伝えるようにします。「○○さんが，□□のときに△△したのは，お母さんの育て方の効果なんですねえ」と言い，保護者が自分の子どもの育ちに対して安心できる具体的なエピソードを紹介します。

まとめ
　①　保護者から具体的な子育て法を，勉強させてもらおう。
　②　子どもの具体的な姿となって，子育ての効果が出ていることを示す。

④ 子どもに甘すぎると見えてしまう保護者

教師との連帯感を持ってもらえる言葉かけ

場面

　以前から，子どもに対して「少し甘いのでは？」と感じられる保護者がいます。その保護者の子どもは社交的で，誰とでも仲良くなれるというよさがあります。一方で，行き過ぎて相手を困らせたり，からかいが過ぎて相手を泣かしてしまったりということもあります。さて，今日はその保護者との個人面談があります。そんな時に，あなたはどんな言葉をかけますか？

1 状況解説・保護者のとらえ

「甘すぎる保護者」というとらえを，捨てよう

　心の中で，「この保護者は甘すぎる」と感じていると，不用意な言葉が口を伝って出てしまうことがあります。

　例えば，「家でも，この点はきちんと指導していただけると，助かります」のような言い方で，保護者の協力を仰ごうとする場合などです。

　しかし，そもそも保護者は子どもを守りたいと考えていますから，「そんなこと言われなくても，わかっている」と思ったり，「学校のやり方を，家庭にも押しつけてくるのね」と思ったりしてしまいます。

　これでは，逆効果です。保護者は態度を硬化させて，かえって子どもの本当の姿を見ようとしなくなります。

　この場面では，保護者が心を開いてくれるように働きかけ，教師と一緒に歩調をそろえて，指導していこうと思ってもらえる言葉かけが必要です。

2 こんな時に伝えたい教師の言葉

> 人懐っこくて，コミュニケーションをとるのが上手なお子さんですね。

① よい評価をしていることを伝える

　ここでは，「悪気のない人柄のよい子だ」と，あなたが評価しているということを，まずは保護者に感じてもらいましょう。

　どんな保護者でも，自分が愛している子どもを，教師にも同じように愛していてほしいと願っているものです。

② よいところを認めつつ，「ちょっと行き過ぎる」という表現にする

　その上で，「1つ心配しているのは，人に対する『大好き』がちょっと行き過ぎて，相手を泣かせてしまったりすることがあるんです。お母さん（お父さん）は，そんなとき，どうされていますか。私も，お母さん（お父さん）と同じように指導させていただきたくて。その方がお子さんも戸惑わないと思うんですよ」

　こう伝えることで，「先生は，私たちの育て方を尊重してくれる」「学校でも，家と同じ指導を一緒にしてもらえる」という安心感と，教師と共に指導するという連帯感も生むことができます。

まとめ

① 子どもを，愛しているということを伝える。

② 学校でも同じ歩調で指導したい旨を伝え，連帯感を持ってもらう。

⑤ 教師の指導に不満を持っている保護者

要望を尊重していることを伝える言葉かけ

場面

　日頃から，連絡帳や電話で，あなたに批判的な保護者がいます。そうした保護者との個人面談が，今日行われます。わざわざその日の最後のコマを指定してきて，おそらくたくさんのことを伝えてくるように感じます。そうした面談のはじめに，あなたはどんな言葉をかけますか？

1　状況解説・保護者のとらえ

🌱 感情的にならずに，事実を確認する姿勢を見せる

　最もよくないのが，事実に基づかず，感情的に対応することです。

　「いえ，それは誤解です！」「そんなことは，言っていません！」などと，語気を強めて言うことは絶対に避けましょう。基本的には，よく聞くことが大切で，自分や学校に非がある場合には，しっかりと謝罪します。

　一方で，事実かどうか曖昧なことは，すぐに認めてはいけません。それを認めてしまえば，結果的に子どもの成長を阻害することになります。

　「そのように，お子さんは言っているんですね。私も，必ず確認して，結果をお伝えします」「周囲にいた子どもの話も聞きます」のように話します。

　保護者の要求は，基本的には子どものことを大切に思うが故のものです。しかし，それは教師も同じです。大切に思うが故に，事実に基づいて子どもの成長を保障すべきです。

2 こんな時に伝えたい教師の言葉

> 　先日は，連絡帳で大切なことを教えていただき，ありがとうございました。○○さんが，学校に楽しく来られるようになって本当によかったです。

① 要望を尊重している態度を示そう

　保護者から今まで求められた要望のうち，的を射たものを選び，それによって，「子どもがよい状態になった」という点について，感謝を伝えましょう。

　「子どもの状態がよくなることが，一番大切なことだと，私は考えています」ということをメッセージします。

② 他職員との連携もしよう

　「大切なことなので，メモを取らせていただいてもよろしいですか」と許可を得て，メモを取ることが必要な場合もあります。また，あなたの手に負えないと判断した場合は，「すみません，大切なお話をいただいていますので，管理職を同席させてもいいですか」と，相手に尋ねます。

　問題解決を避けるような気になりますが，他職員と共に解決しようとすることも，誠実に対応することですし，あなた自身を守ることにもなります。そして，保護者にしてみると，「管理職にも知ってもらうのは，かえって安心」と思えるものなのです。

まとめ

① 子どもの状態がよくなることが，一番だということを伝える。

② 保護者も，自分も大切にする。

おわりに

　教員生活30年を超えました。最初の2年間は，幼稚園教諭をしていました。その時から，教育とは「言葉」なんだと思ってきました。

　絵の具で汚れた机の上を，叱りながら布きんで拭かせている私の隣で，先輩教師は，「この色を，ぜえええんぶ，布きんにうつしちゃおう！」と子どもたちに呼びかけました。

　その言葉に子どもたちは反応して，一気に机をピカピカに拭きあげてしまいました。

　私は，打ちのめされました。

　技術にではなくて，その先輩の「なんでも楽しんで生きようとする姿勢」に，「やられた」と思ったのです。

　言葉には，人生が載ります。

　どう生きたいかが，言葉にあらわれます。

　この本を，最後まで読んでいただいて，心から感謝します。

　でも，この本に載っていない「あなたの言葉」が，一番愛のある言葉なのだと思います。

　私も，更に自分の人生から生まれる愛のある言葉を探していきますから，あなたも，ぜひ！

　この度も，明治図書の及川　誠様には，絶妙なタイミングで，それこそ愛のある言葉かけをいただきました。心より感謝申し上げます。

山田　洋一

【著者紹介】

山田　洋一（やまだ　よういち）

1969年北海道札幌市生まれ。北海道教育大学旭川校卒業。北海道教育大学教職大学院修了（教職修士）。2年間私立幼稚園に勤務した後，公立小学校の教員になる。公認心理師。自ら教育研修サークル北の教育文化フェスティバルを主宰し，柔軟な発想と，多彩な企画力による活発な活動が注目を集めている。

【著書】

『子どもの笑顔を取り戻す！「むずかしい学級」リカバリーガイド』明治図書，2019年
『子どもの笑顔を取り戻す！「むずかしい学級」ビルドアップガイド』明治図書，2021年
他多数

【編著書】

『個別最適を実現する！　ユニバーサルデザインで変える学級経営ステップアップ術60　1〜3年』明治図書，2022年
『個別最適を実現する！　ユニバーサルデザインで変える学級経営ステップアップ術60　4〜6年』明治図書，2022年
他多数

クラスを支える愛のある言葉かけ

2024年2月初版第1刷刊　©著　者　山　田　洋　一
　　　　　　　　発行者　藤　原　光　政
　　　　　　　　発行所　明治図書出版株式会社
　　　　　　　　　　　　http://www.meijitosho.co.jp
　　　　　　　　（企画）及川　誠（校正）安田皓哉
　　　　　　　　〒114-0023　東京都北区滝野川7-46-1
　　　　　　　　振替00160-5-151318　電話03(5907)6703
　　　　　　　　　　　　ご注文窓口　電話03(5907)6668
＊検印省略　　　　組版所　長野印刷商工株式会社

Printed in Japan　　　　　ISBN978-4-18-355439-0
もれなくクーポンがもらえる！読者アンケートはこちらから